KB102602

심리학은
내 친구

10대를 위한 재미있는 심리학 이야기

심리학은 내 친구

문중호 지음

유아이북스

심리학은 재미있습니다. 흥미롭습니다. 그리고 유익합니다.

심리학은 인간의 심리를 연구하는 학문입니다. 눈에 보이지 않는 것을 들여다보려고 하는 것이니 다소 어려울 수 있지요. 하지만 다양한 심리 법칙들을 중심으로 재미있게 공부하다 보면 쉽게 다가갈 수 있습니다. 어느새 나를 알고 이해하게 되며, 또한 타인을 이해하는 마음이 싹트게 됩니다. 결국 삶을 살아가는 우리에게 많은 유익을 주는 것입니다.

EBS 〈다큐 프라임〉에서 '다중지능'이라는 개념을 소개한 적이 있습니다. 성공적인 삶을 살아간 사람들의 다중지능 측정 결과는 매우 흥미롭습니다. 재미있는 사실은 그들이 가진 강점지능 중 상위 세 가지에 '자기이해지능'이 공통적으로 포함되어 있었다는 거예요. 자기이해지능이란 나 자신을 얼마나 잘 이해하고 있는지와 관련한 능력입니다. 나는 누구인지, 어떤 사람인지 잘 인지하고 있다면 그는 자신의 인생을 효과적으로 계획하고 조절할 가능성이 높을 수밖에 없지요. 나아가 대인관계지능도 함께 향상될 수 있습니다. 그러므로 이런 사람은 당연히 성공적인 삶을 살 수밖에 없는 것입니다.

심리학을 공부하다 보면 이와 같은 자기이해지능 및 대인관계지능이 향상될 수 있답니다. 끊임없이 나는 누구인지에 대해 질문하고, 사람들과의 관계에서 겪는 문제들을 탐구하기 때문이지요.

심리학의 거장들은 대부분 힘든 인생의 문제(가정 문제, 성격 문제 등)를 가지고 있었습니다. 그 문제를 해결하기 위해 처절하게 탐구한 결과가 바로 오늘날의 주요 심리학 이론인 것입니다.

예를 들어 알프레드 아들러Alfred Adler라는 심리학자는 영향력 있는 개인심리학 체계를 세웠어요. 그는 '열등감'이라는 용어를 심리학에 도입한 것으로 유명하지요. 최근 열풍적으로 읽혔던 《미움받을 용기》라는 책은 아들러의 이런 철학이 담긴 것이었습니다. 그러나 그의 어린 시절은 행복하지 않았습니다. 열등감 때문에 고통받아야 했기 때문이에요. 아들러는 열등감을 해결하고자 연구에 몰두했고, 결국 심리학의 대가가 되었습니다. 그리고 현재까지도 동일한 문제로 힘들게 살아가는 사람들에게 많은 도움을 주고 있습니다.

혹시 여러분에게 해결되지 않는 문제가 있나요? 없다면 다행입니다. 하지만 방심은 금물이에요. 인생에서는 불청객 같은 수많은 문제들이 우리를 따라다니거든요. 혹시나 풀리지 않는 문제가 있다고 해도 절망하기에는 많이 이릅니다. 그것은 나를 발견하게 하고 성장하게 하는 밑거름이 될 수도 있기 때문이지요. 그러므로 지금부터 마음의 문을 활짝 열고 '나'를 탐구하는 여행을 시작해 보면 좋겠습니다.

지은이 **문중호**

2장

관계 속의 심리학   85

3장

세상을 이해하는 심리학   125

4장 성장을 위한 심리학　171

1장

내 안의
심리학

01 가르시아 효과

만약 어떤 음식을 먹은 다음 심한 복통을 경험한다면, 그 후로는 그 음식에 대해 두려움을 갖게 될 겁니다. 복통의 실제 원인이 그 음식이라고 증명된 것이 아닌데도 멀리하게 되겠지요. 우리의 몸과 마음이 그 음식 때문이라고 생각하고, 자신을 지키기 위해 그것을 피하는 것입니다. 이런 현상을 '가르시아 효과'라고 합니다.

심리학자 가르시아는 이러한 현상을 쥐에게도 똑같이 실험해 보았습니다. 우선 사카린을 섞은 달콤한 물을 쥐에게 줍니다. 사카린을 넣으면 설탕을 넣은 것보다 훨씬 달콤하다고 합니다. 당연히 쥐는 그 물을 맛있게 먹었겠지요? 그런데 가르시아는 이때 쥐에게 방사능을 쬐게 했습니다. 왜일까요? 일부러 구토하도록 만든 겁니다. 고통받았을 쥐를 생각하니 미안한 마음이 듭니다. 그다음, 다시 쥐에게 사카린을 넣은 달콤한 물을 주었습니다. 구토의 원인이 방사능이라는 것을 몰랐던 쥐는 그 물이 원인이라고 생각했는지 섭취를 거부했다고 합니다.

가르시아 효과는 우리 생활 속에서도 쉽게 찾아볼 수 있답니다. 저 또한 아침에 샌드위치를 먹고 나서 된통 체한 적이 있지요. 이후로는 샌드위치를 잘 먹지 않게 되었습니다. 생각해 보니 너무 급하게 먹기도 했고, 컨디션이 안 좋았던 탓도 있는데 몸과 마음은 샌드위치 탓만 하고 있었던 것입니다.

가르시아 효과가 과학적이지 않을 수도 있고, 논리적으로 말이 안 될 수도 있습니다. 그러나 가르시아 효과는 우리의 생존에 필수적입니다. **생명에 위협이 되는 것들을 감지하고, 자신을 지키기 위해 자동적으로 반응을 하는 것이니까요.**

02 강박 장애

　강박 장애는 자신의 의지와는 상관없이 어떠한 생각이 자꾸 떠오르고 집착하게 되는 것을 말합니다. 원하지 않는 불쾌한 생각이 자꾸 떠오른다면 얼마나 괴로울까요? 그 괴로움을 없애기 위해서 온갖 노력을 다하게 되는 것이 강박 장애입니다.

　강박에는 사고에 대한 강박, 청결에 대한 강박, 물건 정리에 대한 강박 등이 있습니다. **강박 행동으로는 씻기, 정돈하기, 청소하기, 숫자 세기, 확인하기 등이 있지요. 질서나 대칭, 균형에 대해 집착을 보이는 경우도 많습니다.** 하루에도 수십 번씩 손을 씻는 바람에 손등이 늘 짓물러 있는 사람도 있습니다. 친구를 폭행하는 몹쓸 상상 때문에 괴로워하는 사람도 있어요. 또한 완벽해야 한다는 생각에 사로잡혀 불안과 고통을 겪기도 하지요.

　저에게도 물건 정리와 관련된 약간의 강박 장애가 있답니다. 아주 심하지는 않지만, 집에서나 직장에서나 물건이 비뚤어져 있으면 그냥 보고 있기가 힘듭니다. 학생들을 가르치는 교실에서도 상황은 비슷합니다. 쓰레기 하나, 혹은 머리카락 한 올이 바닥에 뒹굴고 있으면 그것이 너무 거슬리지요. 그래서 먼저 거슬리는 것을 제거해야만 그 다음 일을 편안하게 할 수 있답니다.

또, 외출할 때면 '혹시 헤어 드라이기가 켜져 있는 것은 아닐까?', '요리할 때 사용했던 인덕션이 켜져 있는 것은 아닐까?', '현관문이 제대로 닫힌 것이 맞을까?'를 고민하고 의심하다가 결국 다시 돌아와서 두 눈으로 확인해야 직성이 풀릴 때도 있습니다. 하지만 이런 증세가 일상생활에 어려움을 줄 만큼 심각한 것은 아니라서 참 다행이지요. 또한 정도의 차이는 있지만, 거의 모든 사람에게 강박이 있다고 하니 안심이 됩니다.

강박 장애와 같은 병적인 증상들이 왜 일어나는 것인지 정확히 알 수는 없습니다. 하지만 분명한 것은 이런 증상들이 있을 수 있다는 것이지요. 중요한 것은 이를 숨기지 않는 태도입니다. 문제를 인정하고 치료를 받고자 한다면 조금씩 나아질 수 있는 것이니, 꼭 두려워하기만 할 증상은 아닌 셈입니다.

03 고착과 퇴행

사람이라면 누구나 '욕구'라는 것을 가지고 있습니다. 욕구는 쉽게 말해서 무언가를 하고 싶고, 먹고 싶고, 갖고 싶어 하는 심리를 의미합니다. 영어로는 'Want' 정도로 설명할 수 있겠지요? 사람은 누구나 자신의 욕구를 충족하기 위해 최선을 다하지만, 모든 욕구를 다 만족시킬 수는 없는 노릇입니다. 하고 싶은 것을 다 하면서 살 수는 없지요. 이처럼 만족되지 못한 욕구가 있을 때 재미있는 심리적 현상이 나타나기도 합니다. 바로 '고착'이라는 것입니다. 고착은 어딘가에 붙들려 있는 것으로, 앞의 이야기에 대입하면 만족하지 못한 욕구에 사로잡혀 있는 것이라고 할 수 있습니다.

저의 이야기로 예를 들어 볼까요? 어린 시절의 저는 엄마와 함께 시장에 가면 기름에 튀긴 핫도그가 너무 먹고 싶었답니다. 그런데 엄마는 사주지 않으셨어요. 물론 그 이유는 많았습니다. 비위생적이고, 불량 기름을 사용해서 건강에 좋지 않고…. 엄마는 마치 집에 가면 만들어 주실 것처럼 말씀하셨지만 결국 제가 원하던 핫도그는 맛을 볼 수가 없었습니다. **아주 어린 시절의 경험이었지만, 무의식중에 고착되어 있던 이 욕구는 청소년기에 이르러 나타나게 되었습니다.** 용돈이 생기면 학교 앞 분식점에서 핫도그를 사 먹었습니다. 저에게 떡볶이, 튀김 등은 별로 눈에 들어오지 않았습니다. 그저 핫도그 하나면 충분했습니다. 어른이 된 후에도 저는 고속도로 휴게소를 방문할 때마다 다른 맛있는 음식을 두고 항상 핫도그를 사 먹었습니다. 이것을 일종의 '퇴행'이라고 합니다. 뭔가 거꾸로 되돌아가는 느낌이 들지 않나요? 어른이 되어서도 시간을 거슬러 어린 시절의 욕구를 만족시키고자 하는 것이랍니다.

만약 여러분에게 이처럼 해소되지 않은 욕구가 있다면 어떻게 해야 할까요? 마음에 고착되기 전에 건강한 방법으로 해소할 수 있도록 노력해야 합니다. **여기서 중요한 것은 표현입니다. 나의 욕구를 적절하게 표현하는 법을 배워야 하지요.** 욕구를 꽁꽁 묶어 놓고 억누르는 것은 좋은 해결책이 아니라는 것을 알기 바랍니다.

04 공황 장애

공황 장애라는 말은 많이 들어 봤지요? TV에 나오는 연예인 중에 공황 장애로 힘들어 하는 사람이 많다는 것은 여러분이 더 잘 알고 있을 겁니다. 이런 경우가 하도 많아서 그런지, 요즘은 공황 장애를 굳이 감추려 하는 분위기는 아닌 것 같습니다.

'공황'이라는 것은 생명의 위협을 받을 만한 상황에서 나타나는 갑작스런 공포감을 말합니다. 실제로 위협적인 상황이라면 이는 누구에게나 정상적인 심리 현상이겠지요. 예를 들어, 여러분이 혼자 길을 가는데 갑자기 호랑이가 나타난다면 어떨까요? 머리카락이 쭈뼛 서고, 눈은 튀어나올 듯 커지며, 심장이 엄청나게 빨리 뛰어서 숨이 턱턱 막히는 신체 증상이 나타나겠지요. 손발과 온몸이 후들후들 떨리며 죽을 것 같은 공포

감에 휩싸이게 될 것이 분명합니다. 바로 이런 상태를 공황이
라고 합니다.

**그런데 문제는 특별히 위협적인 상황이 아님에도 공황이 발생
할 수 있다는 것입니다.** 그것도 반복적으로 말이지요. 이런 병적
인 현상을 '공황 장애'라고 부릅니다. 이유도 없이 공포에 떠는
사람을 이해하기란 쉽지 않을 테지요. 신체적으로 어딘가가 부
러지거나 다치면 이해와 위로를 받을 수도 있겠지만, 공황 장
애는 마음의 병이기 때문에 그럴 수도 없습니다.

만약 이러한 공황 장애가 엘리베이터에서 나타난다면 어떨
까요? 그 사람은 엘리베이터에 대한 안 좋은 기억 때문에 최대
한 그 장소를 멀리하게 될 것입니다. 엘리베이터가 있는데도

굳이 계단을 사용하게 되겠지요. 이렇듯 공황 장애를 가진 사람은 평소 불안감이 높다고 합니다. 언제 공황이 나타날지 모르니 그럴 수밖에 없을 것 같아요.

다행히도 공황 장애를 치료할 수 있는 방법은 다양하다고 합니다. 이처럼 치료를 받을 수 있고, 또 적절한 치료를 받으면 나을 수 있으니 참 다행이지요. 하지만 무엇보다 중요한 것은 평소에 스스로 마음을 잘 관리하는 것입니다. 좋지 않은 것은 피하고, 좋은 것들은 적극적으로 받아들이는 마음 지킴이가 될 필요가 있답니다.

05 그림자

심리학자 융이 쓴 《영혼의 지도》라는 책이 있습니다. 이 책에서 영감을 얻어 앨범을 발표한 아이돌 그룹이 있다고 해요. 바로 방탄소년단입니다. 앨범의 인트로에서는 알엠이 페르소나Persona를 노래했고, 마지막 부분에서는 슈가가 섀도Shadow라는 솔로곡을 불렀습니다. 어떻게 융의 심리학을 노래로 풀어낼 생각을 했을까요? 역시 방탄소년단은 아주 특별한 것 같습니다.

Shadow의 뜻은 그림자입니다. 노래가 시작되면 일곱 개의 그림자가 등장하는데, 그 사이에 우리의 슈가가 서 있습니다. 그리고 곧 자신의 이야기를 들려주듯 노래를 시작하지요. 그는 '스스로 태어나야 한다'고 노래합니다. 왜, 그리고 어떻게 스스로 태어난다는 것일까요? 철학적인 이야기라서 무슨 뜻인지 정확하게 이해하는 것이 쉽지 않습니다.

노래의 처음 시점은 슈가가 월드스타가 되기 전입니다. 혹시 최고의 스타가 되면 자신의 본래 모습을 잃어버릴 수도 있다고 그는 노래합니다. 그래서 그는 그것을 경계하고 있어요. 슈가는 결국 월드스타가 되었습니다. 하지만 자신의 의지와는 달리 자신이 가진 그림자는 계속 커지기만 했어요.

이쯤에서 그림자가 무엇인지 설명해 볼까요? 심리학에서 그림자는 대체로 어두운 자아를 말합니다. '부정적으로 생각하는 나'라고 하면 이해가 쉽겠군요. 최고의 스타라는 그의 페르소나(가면)는 이런 마음의 그림자를 무시하고 외면했습니다. 하지만 그럴수록 그림자는 더 끈질기게 따라왔지요. 이를 통해 그는 톱스타의 자리가 얼마나 외로운 지 깨닫게 됩니다. 누가 미리 귀띔이라도 해 주었다면 좋았으련만 막상 마주하니 고통스러웠습니다.

노래 속에서 슈가의 그림자들은 더 강력하게 다가왔고, 심지어 그를 삼키려고까지 했습니다. 지금까지 감춰왔던 어두운 자아가 이렇게 자신을 해코지할 줄은 몰랐을 거예요.

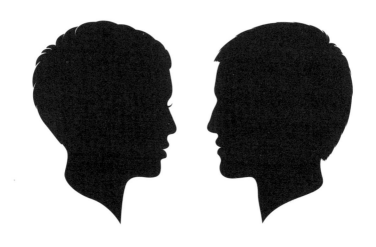

　노래의 결론은 페르소나와 그림자의 균형을 잘 이루어야 한다는 것입니다. 이를 위해서는 자신의 그림자를 받아들여야 한다고 이야기하지요. 그림자도 나의 일부라는 것을 인정해야 우리의 병든 마음이 치유될 수 있다는 메시지를 남겨 줍니다.

06 긍정과 희망

　〈제이콥의 거짓말〉이라는 영화가 있습니다. 영화의 배경은 2차 세계대전으로, 독일 나치에 의해 유대인들은 큰 고통을 당하고 있었습니다. 전쟁 포로가 되어 매일 중노동에 시달려야 했지요. 그들에게 유일한 삶의 희망은 소련군이 와서 그들을 구출해 주는 것이었습니다.

어느 날 유대인 제이콥은 사령관실에 끌려가게 되었는데, 그곳에서 소련군이 오고 있다는 라디오 뉴스를 듣게 되었습니다. 제이콥은 이 소식을 한 친구에게 말해 주었고, 희망의 뉴스는 순식간에 동료들 사이에 퍼지게 되었습니다. 심지어 동료들은 제이콥이 라디오를 가지고 있다고 믿게 되었지요. 본인은 아니라고 우겨도 봤지만, 동료들은 제멋대로 그렇게 믿어 버렸습니다.

그런데 놀라운 일이 일어났습니다. 희망을 주는 뉴스가 없을 때에는 많은 동료들이 극단적인 선택을 했지만, 그가 희망의 뉴스를 전하고 난 이후 그런 선택을 하는 사람의 숫자가 확 줄었던 것입니다. 이 모습을 지켜본 제이콥은 희망의 뉴스가 사람을 살릴 수 있다는 것을 깨닫게 되었지요. 이후 그는 본격적으로 희망을 주는 거짓말을 꾸며 내기 시작했습니다.

하지만 결국 나치가 이 모든 것을 알게 되었습니다. 나치는 제이콥이 그동안 말한 모든 것이 거짓말이었다고 말하도록 협박했습니다. 제이콥은 과연 어떤 선택을 했을까요? 그는 기꺼이 죽음을 선택했습니다. 그래서 동료들은 한번 붙든 희망의 끈을 끝까지 놓치지 않을 수 있었지요. 그리고 이후 거짓말처럼 소련군이 나타났고, 그들은 마침내 자유를 얻게 되었습니다.

사람의 마음은 무언가에 잘 속습니다. 두려움에 속아서 벌벌

떨기도 하고, 긍정과 희망에 속아서(?) 어려움을 거뜬히 이겨 내기도 한답니다. 그래서 우리의 마음도 긍정과 희망으로 속여 줄 필요가 있다고 생각합니다. 제이콥의 거짓말이 아니라, 이 제는 여러분의 거짓말이 되는 것이지요.

07 나르시시즘

발음이 좀 어렵나요? 나르시시즘은 '나를 시시하게' 생각하 는 심리와는 정반대의 뜻을 가지고 있습니다. 나 자신을 존중 하는 자존감과도 완전히 다릅니다. **나르시시즘은 한마디로 자신 에 대한 사랑이 지나친 것입니다.** 예를 들어, 거울 앞에 오랫동안 서서 자신의 얼굴이 아름답다고 생각하면서 황홀해하는 것. 이 런 것이 나르시시즘이랍니다.

나르시시즘은 그리스 신화에 나오는 이야기에서 나온 용어 입니다. 먼 옛날 그리스에 에코라는 요정이 살았는데, 에코는 아름다운 미모의 소년인 나르키소스를 사랑하게 되었습니다. 그래서 그에게 사랑 고백을 했지만 차이고 말았지요. 에코는 실연의 슬픔에 빠져 결국 스스로 목숨을 버리고 말았답니다. 에코의 친구 요정들은 복수의 여신 네메시스를 찾아가서 이렇 게 하소연했습니다. "나르키소스도 똑같은 사랑의 고통을 겪게

해 주세요!" 이에 네메시스는 나르키소스에게 연못에 비친 자신의 모습을 사랑하게 되는 벌을 내렸지요.

아무것도 모르는 나르키소스는 어느 날 사냥을 하기 위해 숲 속에 갔습니다. 그리고 우연히 호수에 비친 자신의 모습을 보았고, 한눈에 반해 버리고 말았습니다. 그는 밤낮없이 물에 비친 자기 모습을 보고 또 보고를 반복했습니다. 며칠 동안 잠도 안 자고, 음식도 거른 채…. 결국 그는 그곳에서 죽고 말았습니다. 나르키소스가 죽은 자리에는 하얀 수선화가 피어났다고 전해지지요. **그 뒤로 사람들은 나르키소스의 이름을 따서 자기 자신을 지나치게 사랑하는 것을 '나르시시즘'이라고 불렀습니다.** 왕자병, 공주병처럼 자기만 최고라고 생각하는 사람을 비꼬아 표현할 때도 쓰이게 되었답니다.

🔓 알면 알수록 재미있는 심리 법칙

나르시시즘에 빠진 사람을 '나르시스트'라고 부릅니다. 그들은 너무나 자아도취가 된 나머지 자신에 대한 과장된 환상을 가지고 있지요. 이 때문에 수치심을 잘 느끼지 못하는 경향이 있습니다. 지나친 자신감을 갖고 있으며, 다른 사람에 대한 공감 능력이 부족한 경우가 많습니다. 하지만 심리학자들은 이런 사람들이 보통 사람들보다 행복할 가능성이 더 크다고 말합니다. 나르시시즘에 빠진 사람들은 주변 사람을 화나게 할 수는 있지만, 정작 자신은 우울감에 빠지거나 스트레스를 받는 일이 많지 않기 때문입니다.

08 더닝 크루거 효과

'무식하면 용감하다'라는 말을 들어 봤나요? 무식하다는 것은 능력이 없다는 말로 해석할 수 있습니다. 능력이 없는데도 스스로 자신의 능력을 과대평가하는 사람을 두고 무식하면 용감하다고 합니다. 근거 없는 자신감으로 똘똘 뭉친 사람인 것입니다.

코넬대학교의 더닝과 크루거가 학생들을 대상으로 실험을 했습니다. 문제를 내고 학생들이 시험을 치른 후 자신의 예상 점수를 써 보도록 했지요. 결과는 의외였습니다. 실력 있는 상위권 학생들은 자신의 능력보다 자신을 낮게 평가한 반면, 상대적으로 하위권인 학생들은 자신의 능력을 높게 평가한 것입니다. 재미있게도, 상위권 학생들은 실제 점수가 90점이 넘어도 예상 점수를 80점 정도로 써냈습니다. 그렇다면 하위권 학생들은 어땠을까요? 그들의 실제 점수는 12점이라는 형편 없는 점수였습니다. 하지만 어처구니없게도 자신의 예상 점수를 68점이라고 써 냈지요. 어쩌면 이렇게 다를 수가 있을까요?

정말 궁금한 것은 실력이 형편없음에도 어떻게 스스로를 과대평가할 수 있느냐는 것입니다. 과연 그 이유는 무엇이었을까요? 답은 '무지'에 있습니다. 그들이 자신의 실력을 높이 평가한 이유는 무엇을 맞게 했고 무엇을 틀리게 했는지 모르기 때문이라고 합니다. 자신의 과오를 구분할 수 있는 능력이 없는 셈이지요.

이처럼 무능한 사람이 자신의 능력을 과대평가하고 유능한 사람이 자신의 능력을 과소평가하는 현상을 '더닝 크루거 효과'라고 부릅니다.

제대로 알지도 못하는 사람이 무언가를 결정하고 판단할 경우, 섣부른 판단이 될 확률이 높겠지요. 반면 아는 게 많아도 지나치게 신중하다면 제때 결정을 할 수 없게 됩니다. 기회를 놓칠 수도 있는 것입니다.

만약 직장 상사가 능력은 없는데 자신감만 넘친다면 그 밑에서 일하는 직원들은 몹시 피곤해질 것입니다. 반대로, 능력이 뛰어난 상사이지만 자신의 능력을 과소평가 한다거나 너무 신

중하기만 하면 부하 직원들은 많이 답답할 수 있지요. 과연 어떤 상사와 일하는 것이 더 나을까요?

09 도박사의 오류

도박과 게임의 차이를 알고 있나요? 건전하게 즐기는 게임에 비해, 도박은 주로 돈이 오갑니다. 큰돈을 벌기 위해 도박을 하지요. 사람의 마음 속에는 성실하게 돈을 벌고자 하는 심리보다는 한 방에 잭팟을 터뜨리고자 하는 심리가 있습니다. 일확천금에 대한 로망입니다.

'도박사의 오류'는 도박에서 계속 잃기만 하던 사람이 이번에는 반드시 딸 것이라고 생각하는 심리를 말합니다. 하지만 이런 생각 자체가 오류라고 할 수 있습니다. 실제로 도박장에는 '이번만, 이번만' 하는 사람들이 넘쳐난다고 합니다. 그러다가 결국 모든 것을 잃고 마는 것입니다.

그런데, 도박사의 오류와 같은 심리적 오류를 우리도 많이 경험하고 있다는 사실을 알고 있나요? 낮은 확률에도 계속해서 복권을 사는 사람들이 있습니다. 지금까지 꽝이었으니, 이번에는 당첨이 되리라고 생각하는 것입니다. 또 어떻게 될지 알 수 없는데도 자신의 미래에 헛된 기대를 거는 사람들도 있습니다. **물론 긍정적인 생각 자체는 훌륭한 것이지만, 아무런 노력도 하지 않으면서 핑크빛 미래를 바라는 자세는 잘못된 것이라**

는 생각이 듭니다.

　이런 사람들은 어느 정도 도박사의 오류에 빠져 있는 것이 분명합니다. 오로지 느낌만으로 이런 식의 삶을 사는 것 자체가 도박이 아니면 무엇일까요? 우리의 소중한 시간과 청춘을 이런 식으로 날려 버리는 것이야말로 도박보다 더 나쁜 것이라고 생각합니다. **'왠지 될 것 같아', '느낌이 좋아'처럼 애매모호한 희망 사항이 곧 심리적 오류고 도박사의 오류인 것입니다.** 이러한 방식 대신 꿈과 목표를 가지고 정직한 마음과 자세로 열심히 생활하는 것이 중요하다고 할 수 있습니다.

10 램프 증후군

　'램프'하면 무엇이 떠오르나요? 대부분 알라딘의 요술 램프를 떠올릴 것입니다. 소원을 들어 주는 램프의 요정 지니가 떠오르는 사람도 있을 테지요. 램프 증후군은 램프에서 지니를 불러내는 것과 비슷합니다. 그런데 무엇을 불러내느냐고요? 지니가 아니라 이런저런 일을 수시로 불러냅니다. 불러서 무엇을 하냐고요? 땅이 꺼져라 걱정을 하지요. 실제로 일어날 가능성이 전혀 없는데도 자꾸 걱정을 합니다. 굳이 '만에 하나'라는 생각까지 하면서 말이지요.

미국의 심리학자 어니 젤린스키는 걱정에 대해 이러한 연구 결과를 냈습니다. **"사람들이 하는 걱정의 96퍼센트는 걱정한다고 해서 해결될 수 있는 것이 아니다. 나머지 4퍼센트 정도만 해결할 수 있는 일이다."** 결국 우리는 대부분 쓸데없는 걱정을 하고 있는 셈입니다.

걱정거리와 불안이 전혀 없는 사람은 세상에 존재하지 않습니다. 미래의 일은 아무도 알 수 없기 때문입니다. 문득 제가 군대에서 생활했을 때가 떠오릅니다. '전쟁이 나면 어쩌지?' 하는 생각 때문에 한때 많이 걱정하고 두려워했지요. 하지만 생각해 보니 그건 제가 당장 어떻게 할 수 있는 문제가 아니었습니다.

걱정한다고 해결되는 것이 아니었지요. 괜히 걱정하느라 불안에 시달렸던 것을 생각하면 억울한 생각이 듭니다.

그런데 요즘 텔레비전이나 인터넷 광고를 보면 사람들의 불안한 심리를 이용하려는 나쁜 사람들이 많은 것 같습니다. 안 사면 뒤처질 것 같은 느낌이 들게 만들고, 당장 물건을 사야할 것처럼 불안감을 조장하지요. 특히 램프 증후군을 가진 사람은 지나치게 근심을 하기 때문에 심각한 문제로 이어질 수 있습니다. 아무리 애를 써도 걱정이 물러가지 않고 계속 머릿속을 맴돈다면 얼마나 괴로울까요? 여러분 중에도 만약 너무 걱정이 많고 불안한 사람이 있다면 이렇게 해 보세요. 먼저 머릿속 램프를 문지른 다음, 걱정을 불러내지 말고 지니를 불러냅니다. 그리고 지니에게 걱정을 가져가라고 명령하는 거예요!

11 리플리 증후군

아마 누구든 거짓말을 한 번도 해 보지 않은 사람은 없을 것입니다. '거짓말' 하니까 양치기 소년이 생각나는군요. 그 소년은 하루 종일 말도 못하는 양들과 지냈을 것입니다. 재미있는 스마트폰 게임을 할 수 있는 것도 아니고, 함께 놀 만한 친구도 없었으니 얼마나 심심했을까요? 그래서 "늑대가 나타났다!"라는 거짓말을 했는지도 모릅니다.

그런데 양치기 소년처럼 귀여운 거짓말쟁이와는 차원이 다른 사람들이 있습니다. 그들은 자신이 별로라고 생각하는 현실 세계를 절대 인정하지 않습니다. 격렬하게 거부하지요. 반면 자신이 원하는 모습을 거짓으로 만들어 놓고, 그것이 마치 진짜인 것처럼 믿어 버립니다.

이 심리 현상이 왜 심각한 문제가 될까요? 자신의 거짓말을 완전한 사실로 믿는다는 것 자체도 심각한 문제지만, 더욱 커다란 문제점은 다른 사람에게까지 그런 거짓말을 마치 사실인 것처럼 말하고 다닌다는 것입니다. 이런 증상을 '리플리 증후군'이라고 합니다. 리플리 효과 또는 리플리 병이라고도 부르지요. 이 용어는 《재능 있는 리플리 씨The Talented Mr. Ripley》라는 소설의 주인공 '리플리'의 이름에서 유래했다고 합니다. 그럼 소설의 내용을 함께 살펴볼까요?

주인공 리플리는 한마디로 반항아라고 할 수 있습니다. 심하게 말하면 범죄적 기질이 다분했지요. 그는 친구이자 재벌의 아들인 그린리프를 죽였습니다. 리플리는 거기서 끝내지 않고 대담하게 그린리프의 인생을 가로채기까지 했습니다. 자신의 삶을 버리고 그린리프의 말과 행동을 따라하며 그의 삶을 살아간 것입니다. 하지만 결국 그린리프의 시체가 발견되면서 모든 진실이 드러나고, 그의 자작극은 막을 내릴 수밖에 없었습니다.

리플리는 왜 그런 끔찍한 행동을 했을까요? 리플리로 사는 것에 대해 욕구 불만족이 있었거나 열등감에 시달렸을지도 모릅니다. 정확한 이유는 알 수 없지만 이 이야기를 통해 확실히 배울 수 있는 점이 있습니다. **거짓말은 단순한 거짓말로 끝나지 않을 수 있으며, 소설 속 리플리처럼 다른 사람에게 심각한 피해를 줄 수 있다는 것입니다.** 이를 반사회적 인격 장애라고 합니다. 사회에 적응하지 못한 채 불만이 쌓여 가다 보니 인격에 문제가 생기고, 결국 돌이킬 수 없는 범죄로까지 이어지지요.

그러므로 평소 각종 스트레스에 대해 잘 대처해야 합니다. 마음에 쓸데없이 불만이 쌓이지 않도록 관리하는 편이 좋겠지요? 불만거리보다는 감사할 거리들을 찾아보고자 하면 정말 유쾌하고 건강하게 생활할 수 있을 거예요.

12 므두셀라 증후군

므두셀라는 성경에서 가장 오래 살았던 인물입니다. 무려 969세까지 살았다고 하니, 대단한 장수의 아이콘임이 분명합니다. 사실 그 나이의 10분의 1을 살기도 힘든데 어떻게 그렇게 오래 살 수 있었는지 미스터리입니다.

므두셀라는 너무나 오래 살다 보니 과거의 나쁜 일들은 빨리 잊고 좋은 일들만 기억하려고 했을 테지요. 이런 그의 모습이 오늘날 우리에게도 고스란히 나타나고 있습니다. **이렇게 좋은 것만 기억하려고 하는 사람의 심리를 '므두셀라 증후군'이라고 합니다.**

살다 보면 항상 좋은 일만 있을 수는 없습니다. 때로는 슬픈 일도 있고, 힘든 일도 있는 법이랍니다. 하지만 신기하게도 사람은 과거의 일들을 아름다운 추억으로 기억하려는 심리가 있지요. 만약 우리 뇌가 과거의 모든 불행한 일을 낱낱이 기억하고 있다면 어떻게 될까요? 아마 매일매일이 눈물바다가 될 것입니다. 하지만 그런 일은 일어나지 않는답니다. 특별한 마음의 병이 있지 않는 한, 대부분 적당히 잊으면서 살고 있지요.

제가 가장 잊고 싶어 했던 기억은 단연 군 생활이었습니다. 제가 군인이었던 당시에는 제법 얼차려도 받았고, 고참의 서열을 정확히 외워야 했으며, 계급별로 지켜야 할 일들도 아주 많았습니다. 이등병은 항상 각을 잡고 앉아있어야 했고, 추운 겨울에는 차가운 물로 많은 걸레를 빨아야 했지요. 그런데 신기한 점은 기억 속 군 생활이 지금은 더 이상 고통이 아니라는 것입니다. 이제는 추억이 되어서 가끔은 그때 일들을 누군가에게 재미있는 옛날 이야기처럼 들려주기도 한답니다. 즐겁게 전투

축구를 했던 일, 맛있게 흡입했던 '군데리아' 햄버거, 몰래 먹는 뽀글이 봉지 라면 등….

앞에서도 이야기했지만, 므두셀라 증후군은 나이가 들수록 과거의 일을 좋게 추억하며 떠올리는 것입니다. 좋은 감상을 넘어 그리움을 부르기도 하지요. 그래서인지 모 방송에서 방영했던 〈응답하라 1988〉, 〈응답하라 1994〉, 〈응답하라 1997〉 시리즈는 큰 인기를 얻었습니다.

 알면 알수록 재미있는 심리 법칙

므두셀라 증후군과 반대되는 증후군도 있습니다. 이는 병적으로 나쁜 기억만 계속 떠올리는 것이지요. 마치 박해를 받는 순교자처럼 괴로운 생각을 계속 한다고 해서 '순교자 증후군'이라고 부릅니다.

13 방어 기제

방어 기제라는 말을 들어 본 적 있나요? 아마 처음 듣는 사람도 많을 거예요. 방어 기제는 스트레스를 없애는 자동 시스템이라고 할 수 있습니다. 우리 몸에 이처럼 좋은 기능이 있다니, 놀랍지요?

우리는 살면서 이런저런 이유로 상처를 받습니다. 그래서인지 우리 마음은 상처를 최소화시키는 작동을 한답니다. 스스로 알아서 보호하는 모습이 기특하기도 하고 신기하지요? 그런데 이런 방어 기제에는 성숙한 것도 있고 그렇지 않은 것도 있습니다. 건강한 마음을 유지하기 위해서는 당연히 성숙한 방어 기제가 좋겠지요. 여러분은 스트레스가 생길 때 어떤 식으로 반응하나요? 본인도 모르게 무언가를 마구 먹게 된다고요? 이 방어 기제는 그리 성숙하지 않은 것 같군요.

그럼 방어 기제의 종류에는 어떤 것들이 있는지 알아볼까요? 말이 조금 어려울 수도 있으니 '이런 것들이 있구나' 정도로 알아 두기 바랍니다. 방어 기제에는 감정에 솔직하기를 거부하는 '부정', 받아들이기 어려운 것을 억누르는 '억압', 그럴듯하게 변명하는 '합리화', 누군가를 탓하는 '투사', 감정을 멋지게 포장하는 '승화' 등이 있습니다. 만약 친구와 크게 싸운 후, 집에 돌아와서 엉뚱한 강아지에게 화풀이를 한다면? 이것은 '투사'에 해당합니다. 강아지는 변함없이 나를 반겨 주는데 "너 때문에 되는 일이 없어!"라고 한다면 강아지 입장에서는 상처를 받을 거예요. 이 또한 성숙하지 않은 방어 기제입니다.

화풀이 대상이 된 강아지의 솔직한 마음은 엄청 억울할 테지요. 그런데 '우리 주인이 그럴 리가 없어. 나한테 이렇게 대할 리가 없어! 내가 왜 억울해 하는 거지? 이러면 안 돼!'라고 생각한다면 강아지는 현실을 '부정'하는 것입니다. 또한 강아지가 마음속에 있는 억울한 감정을 꾹꾹 억누른다면 그건 '억압'이 되겠지요. 강아지를 예로 들어 이야기했지만, 사실 방어 기제는 사람에게만 해당합니다. 또한 사람은 저마다 다르기 때문에, 주로 사용하는 방어 기제 또한 다르답니다.

14 부정성 효과

딸기 바구니 실험을 소개해 볼까요? 딸기 바구니에는 신선한 딸기 85개와 썩은 딸기 15개가 들어 있었습니다. 그리고 A그룹에게는 이 바구니에서 신선한 딸기를 골라내라고 했고, B그룹에게는 썩은 딸기를 골라내라고 했지요. 그런 다음 신선한 딸기가 얼마나 있었는지 물었습니다.

결과는 놀라웠습니다. 신선한 딸기를 골라 낸 그룹의 사람들은 거의 일치하는 답(85개)을 말했고 썩은 딸기를 골라 낸 사람들은 신선한 딸기의 양을 맞추지 못했을 뿐만 아니라, 상당히 적은 양(45개)이라고 답했습니다. 신선한 딸기가 전체의 반도 안 된다고 말했을 정도지요.

이렇게 부정적인 것에 집중하면 대부분 부정적으로 보인다는 것을 알 수 있습니다. 바로 이것이 '부정성의 효과'가 됩니다.

또 다른 예를 살펴볼까요? 이번에는 학부모를 대상으로 실험을 했습니다. 자녀가 성적표를 가져올 때 가장 먼저 시선이 가는 것이 무엇인지 물었지요. 놀랍게도 '매우 잘함'보다는 '노력 요함'이었다고 해요. '매우 잘함'이라는 긍정적인 평가가 여덟 개나 되어도 '노력 요함' 하나에 묻혀 버리는 것이지요. 이처럼 아무리 좋은 모습을 많이 가졌다 해도 부정적인 모습 하나에 집중하면 모든 것이 나쁘게 보이는 법입니다. 그러므로 우리는 의도적으로 긍정적인 부분을 보고자 마음먹을 필요가 있습니다. 아무리 부정성의 효과가 우리를 속이려 할지라도 조금만 훈련하면 긍정을 볼 수 있는 눈이 생긴답니다.

15 브루잉 효과

여러분은 생각이 복잡할 때 어떻게 하나요? 도저히 해결되지 않는 복잡한 문제가 있을 때 물론 끝까지 매달려 보는 것도 나쁘지 않습니다. 하지만 아무리 머리를 굴려 봐도 도저히 실마리가 보이지 않는 경우가 있습니다. 이때 오히려 생각을 멈추면 예기치 못한 아이디어가 '뿅' 하고 떠오르기도 한답니다. 책상에 앉아서 아등바등하던 것을 잠시 멈추는 거예요. 그리고 밖에 나가서 가볍게 산책을 하다 보면 번뜩이는 훌륭한 생각이 떠오를 때가 있습니다.

이런 현상을 브루잉 효과brewing effect라고 합니다. brew는 '우려내다'라는 뜻을 가지고 있어요. **시간과 여유를 가지고 우려낼 때 커피나 차가 제맛이 나는 것처럼, 우리의 생각도 숙성의 과정이 필요하다는 것입니다.** 우리나라 사람들은 '빨리빨리'에 익숙해서 당장 뭔가를 처리해야 한다고 생각하는 경향이 있습니다. 한마디로 성질이 급하지요. 하지만 중요한 일일수록 브루잉 효과가 나타날 때까지 기다리는 법도 배워야 합니다.

심리학자들은 브루잉 효과를 이렇게 설명하고 있습니다. 치열하게 생각을 한 만큼 그것이 우리의 잠재의식에 저장되고, 이후 산책이나 목욕 등으로 심리적 긴장감이 사라진 상태에서 번뜩이는 영감이 떠오른다는 것이지요. 마치 트랜스포머가 변신을 통해 멋진 모습이 되는 것처럼, 잠재의식 속에 있던 정보들이 어느 순간 훌륭한 아이디어가 되어 튀어나온답니다.

우리의 뇌는 우리가 생각하는 것보다 훨씬 신비스러운 능력을 가지고 있습니다. 그래서 직감적으로 옳고 그름을 판단하기도 하고, 때로는 영감이 떠올라서 문제를 해결하기도 하지요.

그러므로 도저히 풀리지 않는 문제가 있을 때에는 여러분의 잠재의식을 믿고 푹 쉬는 것을 추천합니다. 좋아하는 음악을 들으면서 산책을 하는 것도 좋습니다. 따뜻한 물로 목욕을 하거나 찜질방에서 찜질을 하면서 몸과 마음을 이완시키는 방법도 있답니다. 그러다 보면 예기치 않은 순간에 '브루잉~' 하고 깨달음이 찾아올 거예요.

🔓 **알면 알수록 재미있는 심리 법칙**

부력의 원리를 발견한 아르키메데스를 떠올려 보세요. 얼마나 감격스러웠으면 벌거벗은 채 뛰어나와서 '유레카'를 외쳤을까요? 심리학자들은 이 극적인 발견 또한 '브루잉 효과' 때문이라고 이야기합니다.

16 성격

사람은 각자 다른 외모만큼이나 성격도 참 다양한 것 같습니다. 이런 성격의 다양성 때문에 사람마다 느껴지는 개성도 천차만별인 것이 아닐까요? 여러분은 스스로 어떤 성격의 사람이라고 생각하나요?

흔히 사람들은 누군가의 성격에 대해 '좋다' 또는 '나쁘다'로 구분하곤 합니다. 그럼 성격이 좋다는 것의 기준은 무엇일까요? 그 또한 사람마다 다르지요. 누구는 활발하게 어디에서든 자기를 드러낼 줄 아는 성격이 좋다고 생각하는 반면, 다른 누구는 너무 가볍기보다는 어느 정도 진지해야 좋은 성격이라고 생각합니다. 과연 무엇이 정답일까요? 사실 정답은 없습니다. 이는 결국 각자가 알아서 판단해야 할 문제랍니다.

MBTI는 이미 널리 알려진 성격 유형 검사입니다. 이 책을 읽고 있는 여러분 중에서도 이미 검사를 통해 자신의 결과를 알고 있는 사람도 있을 거예요. 여러분은 자신의 성격에 만족하고 있나요? 주변의 많은 사람들에게도 질문해 보았지만, 만족한다고 대답하는 사람을 좀처럼 만나 보지 못했답니다. 그만큼 많은 사람들이 자신의 성격에 만족하지 못하고 있지요. 하지만 희망적인 사실은 우리의 성격이 조금씩 바뀔 수 있다는 것입니다. 성격 유형 검사를 여러 번 해보면 느낄 수가 있어요. 작년 결과와 올해 결과가 다르게 나오기도 하거든요. 중요한 것은 내가 어떤 성격의 소유자냐가 아니라 나의 성격에 대해서 얼마나 잘 알고 있고, 그런 스스로를 사랑하는가입니다.

방탄소년단의 리더인 RM이 유엔UN에서 연설을 한 적이 있

습니다. 연설의 주제는 'Love yourself(너 자신을 사랑하라)'였습니다. **우리는 각자 세상에 단 하나뿐인 존재입니다. 즉, '나' 같은 성격은 이 세상에 단 하나밖에 없습니다.** 유일하다는 표현이 맞겠지요. 독특하고 유일하며 귀하디 귀한 나 자신을 사랑할 수 있을 때, 다른 사람도 진정 사랑할 수 있습니다.

지금부터 '나'를 탐구해 보면 어떨까요? 내가 무엇을 좋아하는지, 무엇을 잘하는지도 제대로 알아봐야 하지 않을까요? 누군가의 성격과 비교하면서 자신을 학대하기보다는 '나다움'을 찾아가는 행복한 탐구를 시작해 보면 좋겠습니다.

17 소유 효과

사람마다 보물처럼 생각하는 소중한 물건들이 있습니다. 만약 똑같은 것들이 백화점에 수없이 진열되어 있다 해도 그 가치는 전혀 같지 않겠지요. 이런 현상을 '소유 효과'라고 합니다.

똑같은 물건이라고 가정했을 때, 그것을 살 때 지불하고 싶은 가격과 팔 때 받고 싶은 가격은 같을까요? 한번 소유한 물건은 중고품이기 때문에 팔 때의 가격이 더 낮아야 시장의 이치에 맞을 거예요. 하지만 실제 사람의 심리는 그렇지 않습니다. 자신이 소유했던 것에 대해 훨씬 더 많은 금액을 받고 싶어 한다고 해요.

다음은 미국에 있는 듀크대학교의 댄 애리얼리 교수가 진행한 실험입니다. 일명 '농구 결승전 입장권 실험'이지요. 농구 결승전 입장권을 구하는 것은 아주 어려운 일이었습니다. 일단 며칠 전부터 매표소 밖에서 밤샘을 하며 기다려야 했습니다. 게다가 자기 차례가 된다고 해서 무조건 표를 받을 수 있는 것도 아니었습니다. 만약 추첨에서 탈락하면 그동안의 노력은 물거품이 되고 말았지요.

애리얼리는 추첨에서 떨어진 100명의 사람들에게 전화를 했습니다. 그들에게 지금이라도 표를 구할 수 있다면 얼마를 지불할 생각이냐고 물었습니다. 그러자, 그들은 평균 170달러를 지불하겠다고 하였습니다. 이후 이미 표를 구한 100명의 사람들에게도 물었습니다. 어쩔 수 없이 표를 팔아야 한다면 최소 얼마를 받고 싶은지 물었지요. 그들이 답한 액수는 무려 평균 2400달러였습니다. 왜 이렇게 많은 차이가 난 것일까요?

일단 자기 소유가 된 것은 물건 그 이상의 의미가 생깁니다. 물건을 손에 넣기까지의 스토리가 특별함을 더하여, 쉽게 내놓을 수 없는 소중한 것으로 만들어 주지요. 자신의 소유물을 잃어버렸을 때 사람들은 이렇게 말하곤 합니다.

"내가 얼마나 아끼는 건데!"
"내가 얼마나 애지중지하는 건줄 알아?"

자기 것에 대한 애착 혹은 집착이라는 생각도 들어요. 이러한 심리가 물건에만 적용되는 것은 아닙니다. 내 가족, 내 자녀, 내 친구들에 대한 사랑은 온갖 정성을 쏟은 만큼 느끼는 가치가 높을 수밖에 없겠지요.

세금 이야기로 소유 효과의 예를 한 가지 더 들어 볼까 해요. 세금은 미리 내는 것이 좋을까요, 아니면 최대한 나중에 내는 것이 좋을까요? 참고로 세금을 미리 내는 사람보다는 나중에 내는 사람이 탈세(세금을 내지 않고자 불법을 저지르는 짓)를 저지르기 쉽다고 합니다.

왜 이런 일이 일어나는 것일까요? 이미 세금을 낸 사람은 그것을 처음부터 없는 돈이라고 생각합니다. 하지만 끝까지 미루다가 내는 사람은 지금까지 계속 자기 돈이라고 생각했기 때문에 아깝게 느꼈던 거예요. 결국 소유 효과 때문에 마음이 더 쓰렸던 것입니다.

18 수면 위상 지연 증후군

저녁을 먹고 밤이 깊어지면 어느 순간 눈꺼풀이 천근만근이 됩니다. 그러다가 자기도 모르게 곯아떨어지지요. 너무 당연한 소리라고요? 그렇지는 않습니다. 많은 사람들이 수면 장애 때문에 고통받는다고 해요. 여러분의 수면 습관은 어떤가요?

건강한 수면을 결정하는 것은 우리 몸에 있는 생체 시계입니다. 생체 리듬이라고도 하지요. 그런데 어떤 사람들은 이 생체 시계가 망가져 있기도 합니다. 생체 시계가 망가지면 어떤 문제가 발생할까요? 모두가 고이 잠든 밤에 혼자만 잠을 이루지 못합니다. 그뿐일까요? 모두가 일어나 활동하는 시간에는 쿨쿨 잠을 자게 됩니다. 이것을 '수면 위상 지연 증후군'이라고 한답니다. 정상적인 시간에 잠들지 못하고 3~6시간 정도 늦게 잠들기 때문에, 당연히 일어나는 시간도 늦어질 수밖에 없습니다. 만약 학생이라면 학교에 가서 밀려오는 졸음을 감당하기 어려울 겁니다. 이런 현상이 계속된다면 만성 수면 부족에 시달릴 수밖에 없을 거예요. 건강에 치명적인 영향을 줄 수도 있습니다.

반대로 수면 위상 전진 증후군이라는 것도 있습니다. 어떤 경우인지 예상이 되나요? 수면 위상 지연 증후군과는 반대되는 증상이라고 생각하면 된답니다. 초저녁에 잠이 들어 새벽에 잠이 깬 다음 더 이상 잠들 수 없는 증상인데, 흔히 노인들에게 많이 나타난다고 해요.

한동안 아침(새벽)형 인간을 목표로 삼는 것이 유행이었습니다. 아침형 인간이란, 이른 새벽 시간에 눈을 뜨고 정신을 차려서 할 일에 집중을 잘하는 스타일의 사람입니다. 많은 사람들이 아침형 인간이 되려고 야심차게 도전했어요. 물론 상당수가 중간에 포기하기도 했지요. 재미있는 사실은, 한 과학자의 연구에 의하면 아침형 인간과 올빼미형 인간은 유전적인 영향이 크다는 것입니다.

방학이나 새해를 맞으면 많은 사람들이 규칙적인 생활에 대한 의지를 불태우기도 합니다. 하지만 작심삼일이 되기 일쑤지요. 결심하기 전에 먼저 스스로 어떤 유형의 사람인지 알아볼 필요가 있답니다. 하지만 아주 늦게 자고 늦게 일어나는 것은 좋지 않으니, 적절한 수면 시간을 지켜야 합니다.

19 시기심

여러분은 누군가에게 시기심을 느껴 본 적 있나요? 예쁘고 잘생긴 사람, 공부나 운동을 잘하는 사람 등 저마다 시기의 대상은 다를 수 있습니다. 하지만 분명한 사실은 시기심을 한 번도 느껴 보지 못한 사람은 없을 것이라는 점입니다. 왜냐하면 시기심은 인간의 가장 기본적인 감정이기 때문이지요.

영화 〈아마데우스〉를 본 적 있나요? 혹시 음악에 관심이 많은 사람이라면 꼭 한번 보기를 권합니다. 영화를 통해 살리에리의 눈물겨운 음악 인생을 엿볼 수 있답니다. 물론 모짜르트의 천재적인 음악적 재능도 느껴 볼 수 있지요. 살리에리는 그가 할 수 있는 최선을 다하여 최고의 자리까지 오를 수 있었습니다. 하지만 도저히 범접할 수 없는 모짜르트의 재능을 보면서 심한 절망감을 느끼게 됩니다. 살리에리는 자신을 이렇게 초라한 모습으로 만든 창조주를 원망하며, 시기심 때문에 뼈가 썩는 고통을 느낍니다. 시기심이란 이렇듯 '나에게 없는 좋은 것을 가진 사람과의 비교에서 느끼는 감정'입니다. 이처럼 시기심은 파괴적인 속성을 가지고 있습니다.

성경 속에도 시기심과 관련된 이야기가 있지요. 요셉은 아버지인 야곱이 가장 아끼는 막내였습니다. 야곱은 많은 아들들 중에서 특히 요셉을 편애하여, 예쁘고 좋은 옷도 요셉에게만 입혔습니다. 요셉의 형들은 이렇게 아버지의 사랑을 독차지하는 요셉을 몹시 시기했습니다. 그래서 결국 요셉을 노예로 팔아 버렸지요. 시기심은 이렇게 파괴적이기 때문에 잘 다루지 않으면 피차 큰 상처를 입을 수밖에 없답니다.

그렇다면 과연 시기심은 어떻게 다루어야 하는 것일까요? 한 가지 확실한 방법이 있습니다. **바로, 나에게 없는 것을 보면서 불평하기보다는 나에게 있는 것을 크게 보는 것입니다.** 현재 가진 것에 적극적으로 감사하는 것이 최고의 처방이라고 할 수 있습니다.

알면 알수록 재미있는 심리 법칙

시기심과 비슷한 듯 다른 '질투심'은 무엇일까요? 한 가지 예를 들어 봅시다. 어느 날, 철수는 자신의 여자 친구를 친한 친구들에게 소개시켜 주었습니다. 그런데 여자 친구가 키가 훤칠하고 잘생긴 친구와 활짝 웃으면서 대화를 하는 게 아니겠어요? 이때 철수가 느끼는 감정이 바로 질투심입니다. 내가 사랑하는 사람이 나보다 다른 사람을 더 좋아하는 것처럼 느껴질 때, 우리는 질투심을 느끼게 된답니다.

20 양가감정

양가감정은 어떤 대상(사람이나 물건)에 대해 두 가지 감정을 동시에 가지는 것입니다. 좋으면서도 싫고, 밉지만 사랑하게 되는 감정을 양가감정이라고 하지요. '애증'이라는 말은 양가감정의 좋은 예라고 할 수 있습니다. 애증은 사랑하면서도 미워하는 마음입니다. 예를 들어, 부모의 입장에서 보면 자녀를 너무나 사랑하지만 동시에 짜증이 나거나 미워질 때도 있습니다. 때로는 원수가 따로 없을 정도로 미움이 커지기도 한답니다. 또 '시원섭섭하다'라는 말에도 양가감정이 나타납니다. 이는 마음이 후련하면서 동시에 아쉽기도 한 감정을 말하는 것이지요.

이런 양가감정이 이상한 것일까요? 그렇지는 않지만, 내 안에 이런 감정이 생긴다면 마음이 혼란스러울 수 있습니다.

이때 중요한 것은 두 가지 반대되는 감정에 대해서 모두 존중해 주고 인정해 주는 자세입니다. 두 가지 감정 중에 꼭 하나만 선택해야 하는 것은 아니에요. 진짜 감정과 가짜 감정이 따로 있는 것이 아니라, 두 가지 모두 소중한 나의 감정이기 때문입니다.

예를 들어 유명 메이커 옷을 사고 싶은 마음이 있다고 합시다. 그런데 동시에 넉넉지 않은 형편에 비싼 옷을 사는 것은 좋지 않다는 마음도 있을 수 있겠지요.

이때, 비싼 옷을 사고 싶다는 마음이 들었다고 해서 죄의식을 가질 필요는 없다는 것입니다. 좋은 옷을 입고 싶어하는 것은 당연한 인간의 심리니까요.

또한 중국집에 가면 짜장면도 먹고 싶고 짬뽕도 먹고 싶을 때가 있습니다. 결국 짜장면을 선택해서 먹으면서도 '짬뽕을 먹을 걸' 하고 후회하는 마음이 들기도 합니다. 그 반대의 경우도 있지요. 이는 어쩌면 건강하고 정상적인 인간의 감정이랍니다.

한편 '나'라는 존재에 대한 양가감정도 인정해야 합니다. 내가 누군가에게는 사랑스러운 사람일 수 있지만, 또 누군가에게는 상처를 주거나 부담스런 사람일 수도 있다는 열린 생각이 필요하지요. 건강한 사람은 자기 스스로를 장점과 단점을 동시에 가진 통합적인 존재로 받아들입니다. 좋은 것에도 나쁜 점은 있는 법이고, 나쁜 것에도 좋은 점은 있기 마련이거든요.

21 연극성 성격 장애

연극성 성격 장애는 한 마디로 심리적인 어려움을 겪다 보니 자기도 모르게 연극처럼 행동하는 것입니다. 이런 사람은 다른 사람의 관심을 끌고, 그들의 사랑과 인정을 받고 싶어 하는 강렬한 욕구가 있습니다. 그래서 다른 사람들이 각별한 관심을 주지 않으면 자신을 싫어하는 것으로 착각해서 쉽게 우울해진답니다. 이들은 지나친 감정 표현을 하거나 계속해서 관심을 끄는 행동을 하기도 하지요. 감정 기복이 심하다는 것 또한 문제입니다.

연극성 성격 장애를 가진 사람들은 다른 사람을 조종하는 기술이 뛰어나다고 합니다. 극단적인 예시로, 만약 자신이 원하는 것을 해 주지 않으면 목숨을 버리겠다며 위협을 하는 경우도 있지요. 상식을 벗어난 무모한 행동을 서슴지 않는 것입니다. 연극성 성격 장애의 65퍼센트 정도는 반사회적 성격 장애에 해당한다고 하니 아주 심각하다고 할 수 있습니다.

왜 연기를 하고 무모한 행동을 하면서까지 사람들의 관심을 끌고자 하는 것일까요? 앞서 이야기했듯 모든 사람들에게 사랑받고자 하는 욕구가 매우 강하기 때문입니다. 일종의 애정결핍이라고 할 수 있지요. 사람은 스스로 절제와 조절을 할 수 있어야 하는데, 그것이 불가능하다는 면에서 병적이라고 할 수 있습니다. 아마 본인에게는 엄청난 스트레스가 될 테지요.

하지만 우리에게도 이런 모습들이 어느 정도는 있다고 생각합니다. 생각해보니 저 또한 모든 사람들에게 사랑받고자 했던 것 같아요. 솔직히 지금도 사람들의 인정과 칭찬을 얻고자 많이 애쓰고 있답니다. 물론 이러한 마음 자체가 잘못은 아닙니다. 과도하게 집착하는 순간 문제가 되지요.

여러분도 사람들에게서 완전히 자유롭기는 쉽지 않을 것입니다. 그러니 서로가 서로에게 짐이 되지 않도록 배려하는 자세가 필요해요. 무엇보다 나 자신의 마음을 잘 살피고 돌본다면 'No problem'이라고 생각합니다.

22 열등감

사람은 누구나 말 못 할 열등감 하나쯤은 가지고 있습니다. 열등감은 자신을 다른 사람과 비교하면서 스스로를 무가치한 사람으로 평가하는 감정입니다. 영어로는 콤플렉스complex라고 하지요.

한때 인터넷에서 크게 유행했던 단어가 있습니다. 바로 '열등감 폭발'이라는 뜻의 '열폭'입니다. '열폭'은 굳이 화를 내지 않아도 될 상황에 갑자기 분노와 짜증을 터뜨리는 것입니다. 그 이유는 열등감 때문이지요.

　미국의 유명한 정신의학자인 제롬 프랭크는 이렇게 말한 바 있습니다.

> 모든 정신 장애는 기가 죽어서 생기는 병이며, 기를 살리는 것이 모든 치료 방법의 공통적인 요인이다.

　이처럼 기가 죽어서 생기는 병이 바로 열등감입니다. 모든 정신 장애의 근본적 원인이 된다고 할 만큼 열등감은 위험하다고 해요. 그렇다면, 왜 기가 죽는 일이 생기는 것일까요? 바로 나를 누군가와 비교하기 때문입니다. 남과 비교했을 때 내가 잘났다고 생각되면 우월감에 사로잡히고, 못났다는 생각이 들면 열등감에 빠지게 되지요.

물론 열등감 자체가 나쁜 것은 아닙니다. 중요한 것은 감정을 바라보는 관점이에요. **어떤 사람은 열등감을 성공을 이루는 에너지로 사용하지만, 반대로 평생 열등감의 노예처럼 살아가는 사람도 있답니다.**

아인슈타인은 학창 시절 수학을 못하는 열등생이었습니다. 에디슨은 아예 학교에서 쫓겨났었고, 우리나라 대중 음악을 완전히 바꿔 놓았다고 하는 문화대통령 서태지 역시 첫 방송에서 쓴소리를 들어야 했습니다. 이들은 모두 자신에 대한 믿음으로 이러한 열등감을 극복했던 사람들입니다. 열등감을 에너지 삼아 성공을 향해 나아간 것이지요.

하지만 우리가 모두 아인슈타인처럼, 에디슨처럼 되는 것은 쉽지 않습니다. 그러면 어떻게 해야 할까요? 너무 절망할 필요는 없습니다. 어려울 것 같지만 의외로 쉬운 방법이 있거든요. 바로, 자신을 있는 그대로 받아들이는 것입니다. 존재 자체를 귀하게 여기는 것이지요. "지금 이대로도 잘하고 있어", "이만큼도 잘했어", "고생했어"라고 말하며 자신을 토닥일 수 있을 때, 여러분을 흠집 내기 위해 찾아오는 열등감은 더 이상 힘을 쓸 수 없게 됩니다.

23 우울 장애

　요즈음 우울 장애를 겪는 사람들이 많은 것 같습니다. 특히 코로나바이러스 때문에 우울증 환자가 급증했다는 뉴스도 접했지요. 제 주변에도 마음의 우울로 인해 힘든 시간을 겪다가 극단적인 선택을 한 경우가 있었습니다. 너무나 충격적인 일이었지요. 그렇게도 따뜻하고 정이 많은 분을 잃었다는 것이 정말 안타까웠습니다.

　도대체 우울증이 무엇이길래 우리의 삶을 이토록 비극적으로 만드는 것일까요? 우울증 자체를 완전히 없애 버릴 수는 없는 걸까요? 유리처럼 연약한 인간의 마음을 아주 강한 것으로 대체할 수는 없는 것일까요? 꼬리에 꼬리를 무는 질문이 계속되었습니다. 생각해 보니 많은 연예인들도 우울증 앞에 속수무책이었지요. 지금도 우리 주변에는 우울증으로 인해 힘들어하는 사람들이 아주 많습니다. 이제 우울증은 '현대인의 감기' 정도로 불릴만큼 아주 흔해진 것이 확실합니다.

　하지만 그렇다고 해서 우울증을 가볍게 여겨도 된다는 이야기는 절대 아닙니다. 다만 우울을 겪고 있는 사람들을 이상하게 생각하지는 않아야겠지요. 또한 그들을 깊이 이해하고 다독여 줄 수 있는 분위기를 다같이 만들어 가야 합니다.

　그런데 이러한 마음의 우울은 어른들만의 병이 아니라는 사실을 알고 있나요? 최근에는 소아청소년 우울증을 앓고 있는 아이들도 적지 않습니다. 앞에서도 말했듯이, 우울증은 어느 한 개인의 문제가 아닙니다. 우리 사회의 문제고, 우리 모두의 문제지요. 남의 일이 아니라 나의 일, 우리의 일이라는 뜻입니다. 우리가 사는 이 사회를 조금 더 밝고 명랑하게 만들 수 있도록 모두 힘을 보태야 합니다.

24 웃음

하하, 호호, 히히, 킥킥, 크크….

사람은 왜 웃는다고 생각하나요? 웃기니까, 행복하니까, 좋으니까 등 다양한 이유를 말할 수 있습니다. 그런데 윌리엄 제임스William James라는 한 철학자가 이런 말을 했습니다.

사람은 행복해서 웃기도 하지만, 웃기 때문에 행복하다.

웃을 만한 이유가 있어야 웃을 수 있다고 생각했는데, 이런 우리의 생각이 꼭 맞는 것은 아닌 듯합니다. 우리 모두 행복한 웃음이 일상이 되었으면 하는 바람입니다.

웃음치료사들은 사람이 한 번 웃을 때의 운동 효과가 에어로빅 5분의 운동량과 같다고 주장하고 있습니다. 미국 스탠포드대 윌리엄 프라이William Fry 박사는 사람이 한바탕 크게 웃을 때 몸속의 650개 근육 중 231개 근육이 움직이기 때문에 많은 에너지를 소모한다고 밝혔습니다.

그뿐 아니라, 웃음은 병균에 저항하는 '감마 인터페론'이라는 물질을 분비시켜서 각종 바이러스를 퇴치한다고 해요. 게다가 웃음은 엔도르핀을 만들어 냅니다. 엔도르핀은 면역력을 높여주고 암과 성인병도 예방하는 데 도움이 되지요. 결국 웃음이 최고의 의사인 셈이랍니다!

자녀의 웃음은 하루 일과를 마치고 돌아온 부모에게 특효약이 되기도 합니다. 세상에서 가장 효과가 좋은 피로 회복제라고 할 수 있어요. 한편 부모의 너그러운 웃음은 자녀에게 지속성이 강한 심리 안정제가 될 것입니다. 그래서 어떤 심리적 어려움이 있다 해도 그것을 충분히 이겨 낼 수 있는 마음의 힘이 되지요. 이렇게 나의 웃음이 나를 힘있게 할 뿐만 아니라, 누군가를 힘나게 하는 것임을 기억하면 좋겠습니다.

웃음은 인간만이 가지고 있는 고유한 특성입니다. 인터넷에서 가끔 웃는 강아지나 고양이를 볼 수 있지만 그것은 어디까지나 인위적으로 만들어 낸 사진에 불과합니다. 그마저도 웃기고자 하는 인간의 웃음 본능에서 나온 것이라고 생각할 수 있어요.

25 원초아, 자아, 초자아

프로이트라는 심리학자의 이름을 들어본 적 있나요? 심리학 분야에서는 아주 유명한 사람이랍니다. 프로이트는 오스트리아 사람으로, 정신분석학을 처음 만들었습니다. 대부분의 심리학 이론이 프로이트의 이론에 영향을 받았다고 해도 과언이 아니지요.

여러분은 '정신(성격)'이 어떻게 이루어져 있다고 생각하나요? 한 번도 생각해 본 적이 없다고요? 정신의 구조를 논하다니 참 이상한 성격이라고요? 물론 많은 사람들이 그렇게 생각했지만, 프로이트는 눈에 보이지 않는 우리의 정신에 대해 많은 궁금증을 가지고 있었습니다. 그래서 연구를 했고 다음과 같은 결론을 내렸어요. 물론 어디까지나 프로이트의 주장입니다.

정신(성격) = 원초아(id) + 자아(ego) + 초자아(superego)

먼저, 원초아id는 정신의 가장 원초적인 부분입니다. 가장 솔직한 부분이라고 할 수 있지요. 그래서 다분히 충동적이고 자기만족만을 추구하는 경향이 있으며 본능에 충실한 것이 특징입니다. 원초아는 특히 성적 본능 및 공격적 본능과 관련이 있습니다.

자아ego는 원초아와 초자아의 공통분모라고나 할까요? 둘 사이에서 모두를 만족시키는 타협점을 찾기 위해 늘 애를 씁니다. 항상 현실을 따라 행동하려고 하며, 아무 때나 작동하는 원초아를 이성적으로 관리하는 역할을 하지요. 하지만 자아가 너무 강해도 문제가 생긴다고 해요. 감정 해소가 잘 되지 않아서 쉽게 무기력해질 수 있답니다.

우리가 주목할 부분은 초자아superego입니다. 과연 초자아는 무엇일까요? '초超' 자가 붙어서 그런지 무언가 대단할 것 같은 느낌이 들지요. 초자아는 한마디로 옳고 그름을 판단하는 역할을 합니다. 일종의 도덕 또는 양심의 기능을 하는 것입니다. **인간을 동물과 다른 존재로 만들어 주는 요소가 바로 초자아라고 할 수 있습니다. 초자아로 인해 인간은 죄의식을 느끼기도 하고, 옳고 그름을 판단하며 살아가지요.** 초자아가 없다면 아마 인간은 나쁜 행동을 거침없이 할지도 모릅니다.

초자아가 너무 강해지면 어떻게 될까요? 자기 자신에게 엄격한 도덕적 잣대를 들이댈 것입니다. 그럼 완벽주의와 같은 강박증이 생길 수도 있어요. 그러므로 원초아, 자아, 초자아 중 어느 하나에 치우치지 않도록 해야 합니다. 서로 균형을 잘 이룰 수 있어야 건강한 정신을 가질 수 있답니다.

26 자기 효능감

자기 효능감은 반두라라는 심리학자가 아주 중요하게 생각한 것입니다. 어떤 일을 성공적으로 수행할 수 있다고 믿는 자기 믿음을 의미합니다. 즉, 자신을 향한 기대와 믿음을 뜻하는 심리학 용어이지요.

자기 효능감을 키우기 위해서는 성공 경험이 중요합니다. 처음부터 커다란 성공을 꿈꾸기보다는 작은 성공 경험부터 시작하는 것이 좋아요. 이를 통해 작지만 기초가 탄탄한 자기 효능감을 가질 수 있지요. 그리고 그것을 디딤돌 삼아 또 다른 도전을 할 수가 있는 거예요.

저에게는 중학교 때 학급회장으로서 성공적으로 임무를 수

행했던 것들이 좋은 경험이 되었습니다. 저는 어린 시절 가난하고 불우한 환경 때문에 쉽게 위축되고, 주눅들기 일쑤였지요. 이런 소심한 자신이 무척 싫었던 기억이 납니다. 하지만 공부를 통해 작은 성취감이 쌓이고, 학급 임원이 되어 또 다른 성공 경험이 쌓이면서 자기 효능감을 키울 수 있었지요. 새롭게 거듭난 나를 느낄 수 있었어요.

특히 기억나는 것은 중학교 2학년 때의 영어 말하기 대회였어요. 긴 영어 본문을 외워서 많은 사람들 앞에서 말하는 것이었습니다. 학급별로 대표 한 명씩 대회에 참가했는데 저는 회장이라는 이유로 어쩔 수 없이 참가하게 되었어요. 처음에는 '긴 영어 본문을 어떻게 외우지?'라는 생각에 너무 겁이 났지요. 하지만 조금씩 반복하다보니 어느새 다 암기할 수 있었습니다. 본선에서는 비록 실수를 조금 하긴 했지만 입상할 수 있어서 무척 뿌듯했던 기억이 나요. 사람들 사이에 서 있는 자신이 무척 자랑스러웠답니다.

여러분도 자기 효능감을 키우기 위해 작은 성공 경험부터 시작해 보기를 권합니다.

27 자아실현 경향성

'자아'라는 말도 어색하고 어려운데, 줄줄이 복잡한 단어가 이어지지요? 이 말은 심리학자 로저스가 강조하던 심리학 용어입니다. 자아는 쉽게 말해서 '나 자신'을 말합니다. 지금 생각하고, 느끼고, 판단하는 '나'를 뜻하지요. 조금 감이 오나요? 현실에서 느껴지는 나 혹은 진정한 나라고 할 수 있답니다.

크러쉬라는 가수는 이런 노래를 불렀습니다. "네가 진짜로 원하는 게 뭐야?" 누군가가 시켜서 어쩔 수 없이 이것저것을 하다 보면 내가 정말 원하는 것을 못할 수 있습니다. 그렇기 때문에 우리는 자아가 원하는 소리에 귀 기울일 필요가 있지요.

또한 심리학자 칼 로저스는 사람은 누구나 자아를 실현하고자 하는 마음을 지니고 있다고 주장했습니다. **여기서 '누구나'라는 말이 중요합니다. 자아실현에 대한 욕구는 누구에게나 있는 자연스러운 욕구인 것입니다.**

로저스는 인간이 이런 자아실현 경향성 때문에 보다 능력 있는 인간으로 성장한다고 주장했습니다. 그의 주장에 따르면 실패처럼 보이는 일도 하나의 과정으로 생각할 수 있어요. 끝이 아닌 것이죠. 포기하지만 않으면 언젠가 능력 있는 사람이 될 수 있다는 것입니다.

곰곰이 생각해 보면 모든 생명은 각자 가지고 있는 고유한 가능성들이 있는 것 같아요. 그 가능성이라는 씨앗이 좋은 토양을 만나고 적절하게 도움을 받는다면 충분히 능력을 발휘할 수 있겠지요. 무엇인가를 실현(성취)시키고 싶어 하는 것은 배워서 생기는 것이 아닙니다. 우리 안에 원래부터 있었던 거예요. 누가 가르쳐 주지 않았는데도 태어나자마자 알아서 하는 것을 '생득적'이라고 합니다. 아기가 엄마의 젖을 찾는 것, 배가 부르면 잠을 자고, 배고프면 울고…. 이러한 예시들이 모두 생득적인 행동들이지요.

자아실현 경향성은 쉽게 말해서 더 유능해지고 싶어 하는 마음입니다. 저에게는 초등학교 시절 일기를 열심히 썼던 기억이 있습니다. 하루하루 일기장 지면을 채워 가다 보면 성취감도 있고, 스스로 발전하고 있다는 생각이 들었지요. 그러다 보니 누가 시키지도 않았는데 스스로 한 페이지를 가득 채울 수 있게 되었습니다. 얼마나 뿌듯했던지… 다음 날도 꼭 쓰고야 말겠다는 마음이 생겼어요. 결국 저에게 일기는 자연스러운 일상이 되었지요. 그뿐만 아니라 초등학교 시절 일기 쓰기로 받은 상장이 무척 많아졌답니다. 이를 통해 발전하고 성장한다는 말의 의미를 체험적으로 알게 되었지요.

이게 바로 제가 가진 자아실현 경향성이었습니다. 그렇다면 여러분의 자아실현 경향성은 구체적으로 무엇인지 궁금하네요. 여러분이 '진짜로 원하는 것'이 무엇인지 생각해 보기를 바랍니다.

28 톰 소여 효과

《톰 소여의 모험》이라는 소설을 읽어 보았나요? 세계적인 소설가 마크 트웨인의 작품이며, 만화 영화로 만들어지기도 했답니다. 여러 내용 중에 '페인트칠 사건'은 아주 유명한 이야기입니다. 페인트칠은 톰의 이모가 말썽꾸러기 톰에게 시킨 훈련이었습니다. 하지만 잔머리의 대가인 톰은 절대 혼자 할 생각이 없었지요.

톰은 엄청 재미있는 척을 하며 페인트를 칠했습니다. 마치 특별한 사람만 할 수 있는 특별한 일처럼 꾸몄지요. 그러자 친구들이 톰에게 애원을 했습니다. "제발 나도 좀 해 보자"라고요. 톰의 허락을 얻어내기 위해 자발적으로 온갖 선물을 바치기도 했습니다. 이후 톰의 친구들은 땀을 뻘뻘 흘리면서도 정말 재미있게 페인트칠을 했지 뭐예요.

신경과학자이자 미래과학자인 대니얼 핑크는 다음과 같이 말했습니다.

> 재미를 추구하며 자발적인 동기로 한다면 어떤 일도 즐겁게 할 수 있다!

톰의 친구들이 페인트칠을 자발적인 동기로 열심히 할 수 있었던 이유는 무엇이었을까요? 바로 '재미'라는 가치를 느꼈기 때문입니다.

대니얼 핑크는 이것을 '톰 소여 효과'라고 불렀습니다. 이 톰 소여 효과를 증명하는 실험이 있어 소개합니다. 먼저 사람들을 두 그룹으로 나눴어요. 한 그룹에는 참가비 2달러가 드는 시 낭송회에 참석할 것인지를 물었습니다. 그리고 그 다음 주에 있는 무료 시 낭송회에 참석할지도 같이 물었지요. 다른 그룹에는 오히려 2달러를 받을 수 있는 시 낭송회에 참석할지를 물었습니다. 그리고 역시 그 다음 주에 있는 무료 시 낭송회에도 참석할 생각이 있는지 물었어요.

결과적으로, 돈을 내야 하는 시 낭송회에는 3퍼센트가 신청을 했고, 무료 시 낭송회에는 무려 35퍼센트가 신청을 했습니다. 반면, 돈을 받고 참여하는 시 낭송회에는 59퍼센트나 신청을 했지만 그중 무료 시 낭송회에 참여 의사를 보인 사람은 8퍼센트밖에 되지 않았지요.

35퍼센트와 8퍼센트… 왜 이렇게 많은 차이가 났던 것일까요? 똑같은 공짜 시 낭송회인데 말입니다. 결론은 이것이었습니다. **"사람은 그가 앞서 경험한 것에 따라 일의 가치를 다르게 생각한다."** 즉, 그 가치에 따라 자발적인 동기도 생기는 것이지요. 그러므로 무슨 일이든 그것을 열심히 하게끔 가치를 만들어 주는 것이 중요하답니다.

29 페르소나

세계를 휩쓴 아이돌, 방탄소년단의 리더가 누군지 모를 수는 없겠지요? 바로 RM입니다. 방탄소년단의 7집 앨범 〈map of the soul: persona〉의 인트로를 차지한 곡이 바로 RM이 부른 페르소나persona입니다. 노래는 이렇게 시작하지요.

"나는 누구인가?"

　페르소나는 원래 고대 그리스 가면극에서 유래된 말입니다. 배우들이 썼다 벗었다 하는 가면을 뜻해요. 내가 생각하는 '진짜 나'를 다른 말로 자아라고 하는데, 자아와 페르소나는 당연히 다르겠지요?(물론 같아질 수도 있어요.)

　이후에 페르소나는 사람Person과 성격Personality의 어원이 되기도 했습니다. 지금은 심리학 용어로도 쓰이고 있는데, 나의 페르소나를 잘 이해하는 것은 아주 중요하다고 생각합니다. 나의 자아(성격)를 좋은 방향으로 이끌어 줄 수도 있고, 그렇지 않을 수도 있기 때문이에요.

　다시 말해서 페르소나는 내가 쓰고 있는 가면입니다. 자신의 가면이 무엇인지 감이 오지 않는 사람도 있을 거예요. 사회적 역할에 따라서 다양한 가면을 쓴다고 생각하면 이해가 쉽답니다. 학생은 학생이라는 페르소나가 있겠지요. 또 자녀로서의 페르소나가 있을 테고요. 만약 방탄소년단처럼 아이돌이 된다면, 아이돌이라는 또 다른 가면이 생기는 것입니다. 가면이 너무 많아지면 진짜 내가 누구인지 헷갈릴 수도 있습니다. 드라마를 좋아하는 할머니, 할아버지들은 악역을 맡은 배우를 현실에서 만나면 마구 욕을 하시기도 하지요. 이는 그 배우의 페르소나를 진짜 그 사람이라고 착각했기 때문입니다.

페르소나와 진짜 나를 구분하는 것은 아주 중요한 일입니다. 누군가에게 '가수'라는 페르소나가 있다고 생각해 봅시다. 그런데 만약 성대결절 때문에 더 이상 가수를 할 수 없다면 어떻게 될까요? 가수라는 가면을 벗어야겠지요. **이때 가면을 벗는다 해도 불안해하지 않고 자신감이 넘치는 사람이 바로 건강한 사람입니다. 페르소나가 '진짜 나'는 아니거든요.**

여러분에게도 많은 페르소나가 있을 것입니다. 그리고 페르소나는 앞으로 더 많아질 수도 있지요. 그럼 진짜 나는 누구일까요? 잘 모르겠다고요? 갑자기 골치가 아파진다고요? 만약 그렇다면 평소에 내가 누구인지 알아 가는 시간을 가져야 한다는 말을 강조하고 싶습니다.

③ 프레임 효과

프레임의 뜻은 '틀' 또는 '뼈대'입니다. 그런데 심리학에서 말하는 프레임은 세상을 바라보는 마음의 창이라고 할 수 있습니다. 우리는 세상을 액자와 같은 틀을 통해 보게 되는 거예요. 이때, 어떤 틀로 보느냐에 따라 추구하는 것들이 달라지는데 이를 '프레임 효과'라고 부른답니다.

긍정의 프레임으로 세상을 보는 사람은 어떨까요? 아무리 어렵고 힘든 상황에서도 긍정적인 생각을 할 가능성이 높다고 합니다. **프레임은 마치 안경과도 같습니다. 파란 안경을 끼면 세상이 온통 파랗게 보이고, 빨간 안경을 끼면 모든 게 빨갛게 보이는 셈이지요.** 여러분은 어떤 색깔의 안경으로 세상을 바라보고 있나요?

재미있는 사실은, 물건을 살 때에도 프레임 효과가 나타난다는 것입니다. 여러분이 최신 노트북을 사고 싶다고 해 봅시다. 큰돈이 없기 때문에 현재 살 수는 없지만 당장 갖고 싶을 경우에는 어떻게 해야 할까요? 이때 많은 사람들이 '할부'라는 방법을 이용한답니다. 할부라는 프레임을 적용해 생각하면 금전적인 부담이 갑자기 줄어들지요. 물론 할부에도 여러 가지 방법이 있습니다. 다음 두 가지 선택지 중 여러분은 어떤 선택을 할 것 같나요?

아마 B를 선택할 가능성이 높을 거예요. 두 선택지 모두 결국 가격은 같지만, 이용한 틀은 다릅니다. A는 1년이라는 틀을 이용했고, B는 하루라는 틀을 이용했어요. 이에 따라 소비자에게 다가오는 부담의 정도도 당연히 달라집니다. 무의식적으로 '하루에 1000원쯤이야!'라는 생각이 들기 때문에 B를 선택할 확률이 높다고 해요.

🔓 알면 알수록 재미있는 심리 법칙

프레임의 종류 중에는 '비교 프레임'이라는 것도 있습니다. 이 프레임을 가진 사람은 무엇이든 남과 비교하려 들지요. 그리고 자신이 낫다고 생각하면 우월감을 느끼고, 자신이 부족하다는 생각이 들면 열등감을 느끼는 것입니다. 비교 프레임은 결국 아무도 행복하게 할 수 없습니다. 부정적인 프레임 대신, 스스로에게 맞는 좋은 프레임을 적극적으로 활용해 보세요.

31 플라시보 효과 & 노시보 효과

플라시보 효과는 가짜약 효과라고도 합니다. 의사는 분명히 효과가 없는 가짜약을 환자에게 처방했음에도, 환자의 긍정적인 믿음 때문에 병의 상태가 호전되는 현상이지요. 약 때문이 아니라 환자의 심리적 요인 때문에 호전되는 셈입니다. '엄마 손은 약손'이라는 말이 있습니다. 엄마의 손에서 무슨 신기한 에너지라도 나오는 것일까요? 엄마 손의 온기가 치료에 도움이 될 수도 있겠지요. 하지만 이 또한 환자의 심리적 요인 때문이라고 할 수 있답니다.

플라시보라는 말은 '기쁨을 주다'라는 라틴어에서 유래된 말입니다. 물론 가짜약으로 환자를 속인 것은 문제가 될 수 있지만, 환자를 낫게 한다는 측면에서는 확실히 기쁨이 되는 것이 맞습니다.

심리 상태의 영향을 받기 쉬운 질병일수록 플라시보 효과는 더 커질 수 있습니다. 그래서 우울증이나 불면증 환자의 증상을 부분적으로 개선하는 데 도움이 된다고도 해요. 또한 환자가 의사와 병원을 신뢰할수록 강한 효과가 나타난다고 합니다. 그뿐 아니라, 비슷한 약이라 할지라도 가격이 비싸다는 것을 알고 복용하면 효과가 더 크게 나타난다고 하지요. 또한 단순하고 순수한 사람일수록 새로운 경험을 긍정적으로 받아들이는 경향이 있기 때문에, 효과가 더 두드러집니다. 우연히 한 번 약을 먹었는데 효과를 보게 된 경우, 그 후로도 효과를 볼 가능성은 커지게 됩니다.

하지만 과학적으로 명확하게 입증되지는 않았기 때문에 가짜약을 공식적으로 처방하는 일은 거의 없다고 해요. 다만, 나의 마음과 생각에 따라 우리의 몸 상태가 달라질 수 있다는 것은 매우 고무적인 일입니다. 우리의 뇌는 쉽게 속일 수 있다고들 하지요. 긍정과 희망으로 마음을 속여서 건강한 삶을 살 수도 있는 것입니다.

이에 반해 노시보 효과라는 것도 있습니다. 노시보라는 말은 라틴어로 '나는 해를 입을 것이다'라는 뜻입니다. 말도 안 된다고, 누가 이런 바보 같은 생각을 하겠냐고 생각할 수도 있습니다. 하지만 실제로 부정적인 생각에 갇히는 상황은 충분히 있을 수 있답니다.

1950년대의 일입니다. 배 한 척이 포르투갈 리스본 항구에 도착했습니다. 그런데 배의 냉동창고에서 한 선원의 시체가 발견됐지요. 조사해 보니 그는 동료의 실수로 냉동창고에 갇혔던 것이었습니다. 사람들은 그가 냉동창고에서 큰 고통 속에 동사했다고 잠정 결론을 내렸습니다. 하지만 이 사건을 자세히 조사하는 과정에서 놀라운 사실이 발견되었습니다. 선원이 얼어 죽은 냉동창고의 온도는 처음부터 19도였던 것입니다. 알고 보니, 이 냉동창고는 리스본으로 오는 내내 전원이 꺼져 있었지요. 게다가 창고 안은 넓어서 숨쉬기도 충분했고, 먹을 것도 많았습니다.

이 사건의 결론을 한마디로 정리해 볼까요? **그 선원을 죽게 만든 것은 추위가 아니라, 냉동창고에 갇혔으니 꼼짝없이 죽을 것이라는 부정적인 생각이었던 겁니다.** 이처럼 부정적인 생각이 부정적인 결과를 낳게 되는 현상을 노시보 효과라고 합니다. 플라시보 효과와는 정반대의 개념이지요.

마음과 마음이 통한다는 뜻의 '이심전심'이라는 말이 있습니다. 하지만 여기서 '마음'이 꼭 긍정적인 마음만을 말하는 것은 아닙니다. 부정적인 마음도 부정적인 마음끼리 통할 수 있지요. 내가 가진 부정적인 생각이 내 안에서 확산될 수 있고, 나아가 다른 사람에게 전염될 수도 있다는 것입니다. 놀랍지 않나요? 그러므로 우리는 마음 관리를 잘해야 한다고 강조하고 싶습니다. 내 마음에 무슨 일이 일어나고 있는지 잘 관찰하며, 긍정적인 사람이 되고자 노력하는 여러분이 되길 바랍니다.

32 피터팬 증후군

'피터팬이 왜 여기서 나와?'라고 생각할 수도 있겠네요. 사람이 발달 단계를 따라서 성장한다는 것쯤은 알고 있겠지요? 그렇다면 한번 생각해 봅시다. 동화 속 피터팬의 성장은 어땠나요? 피터팬은 어린이에 만족하고 있었습니다. 그래서 다음 발달 단계로 넘어가지 않으려고 했어요. 누군가에게 의존하며 살았던 어린 시절에 너무 만족한 나머지, 더 성숙한 발달 단계로 넘어가지 못했던 것이지요. 이러한 현상을 피터팬 증후군이라고 합니다.

이는 부모님의 영향일 수도 있고, 가족이나 친구의 영향일 수도 있습니다. 너무 행복한 유년 시절을 보낸 경우, 이러한 피터팬 증후군이 나타날 수 있지요.

많은 아이들이 빨리 어른이 되고 싶어 합니다. 그래서 아빠의 구두를 신고 걸어 보거나 엄마의 립스틱을 바르며 어른 흉내를 내곤 하지요. 이는 한 번도 경험해 보지 못한 어른의 세계에 대한 동경 때문입니다. 그런데, 피터팬 증후군을 앓는 사람들은 왜 굳이 어린 시절에 머무르며 만족하는 걸까요? 이쯤에서 진짜 이유를 밝혀 볼까요?

이들은 이미 어른이 되었지만, 힘든 현실을 도피하기 위해 스스로가 어른이라는 사실을 인정하지 않는 것입니다. 어른이라면 스스로 생각하고 판단해서 힘든 일도 해결해 내야 하는데, 그런 부담이 싫은 것이지요. 그래서 마음과 생각이 과거의 행복했던 시절에 머물게 됩니다. 그리고 누군가에게 의지하며 사는 것을 굳이 바꾸고 싶어 하지 않는 거예요.

요즘 이처럼 철들지 않는 어른들이 많아졌다고 합니다. 그들은 피터팬이 그랬던 것처럼 아무도 나이 먹지 않는 네버랜드를 꿈꾸는 것 같아요. 하지만 안타깝게도 그런 세상은 없으니 현실에 충실하며 살아야 한답니다.

33 햄릿 증후군

영국의 세계적인 대문호하면 누가 떠오르나요? 당연히 셰익스피어이지요. 설령 이 위대한 작가의 《햄릿》이라는 작품을 읽지 않았다 해도, '햄릿 증후군'이라는 말은 한 번쯤 들어본 적이 있을 거예요. 셰익스피어의 작품 속 햄릿은 "죽느냐 사느냐, 그것이 문제로다"라는 유명한 말을 남겼는데, 이 대사를 우유부단한 심리와 연결시킨 것입니다.

현재 우리는 정보가 넘쳐나는 정보 홍수 시대에 살고 있어요. 이로 인해 어떤 문제가 발생할 수 있을까요? 무언가를 선택하거나 결정할 때 어려움을 느끼게 되는 경우가 많습니다. '예' 혹은 '아니요'라고 답하면 될 것을 자꾸 '글쎄…'라는 애매한 대답을 하게 되지요. 그래서 요즘은 이런 고민을 도와주는 서비

스까지 나왔다고 합니다.

혹시 여러분도 선택하고 결정하는 것이 어렵다는 생각을 해 본 적 있나요? 예를 들어, 중식당에 가면 많은 사람들이 짜장 면과 짬뽕 사이에서 고민하지요. 그리고 이런 고민을 알기라도 하듯 짬짜면이 개발되었습니다. 치킨도 마찬가지예요. 사람들은 항상 프라이드와 양념 사이에서 선택의 어려움을 겪어 왔습니다. 더구나 여럿이 먹는 음식이니, 자칫 잘못 결정했다가는 갈등이 생길 수도 있기에 더 신중할 수밖에 없었지요. 그런데 이때 '반반'이라는 절묘한 아이디어 상품이 나왔습니다. 사람의 심리를 날카롭게 읽고 마케팅에 이용한 좋은 예라고 할 수 있어요.

34 행동 점화 효과

방탄소년단의 노래 중에 '불타오르네'라는 곡이 있습니다. 뮤직 비디오를 보면 계속 무언가를 불태우고 있지요. 이처럼 불을 붙이는 것을 '점화'라고 합니다. 행동 점화 효과는 심리적 요소에 불이 붙어서(점화되어서) 어떠한 행동이 나타나는 것입니다. 정확히 말하면 원하는 행동을 하게끔 만들어 주는 것이지요.

예를 들어 '짜증', '원망', '트집'과 같이 공격적인 단어를 계속

듣거나 읽으면 어떻게 될까요? 자기도 모르게 공격적인 생각을 하게 됩니다. 그래서 대화 중에 무의식적으로 상대의 말을 끊어 버리기도 하고, 아무 때나 불쑥 끼어드는 무례한 행동이 나타나기도 하지요. 그럴 생각이 없었다고 해도, 생각 속에 불씨(공격적인 단어)가 들어가니까 결국 부정적인 행동이 나타나는 것입니다. 부정적인 행동은 갑자기 튀어나오지 않습니다. 부정적인 생각이 점화되어 나타나는 것이지요.

점화라는 것은 탈 수 있는 연료(재료)가 없으면 결코 일어날 수 없습니다. 우리의 생각은 이런 연료가 될 수 있답니다. 내면에 어떤 생각이 들어가느냐에 따라 그것이 점화되어 나타나는 행동도 달라지는 것입니다. 우리의 생각은 그냥 생각으로 끝나

는 것이 아니라, 우리의 행동에 직접적으로 영향을 미친다는 사실을 꼭 기억하기 바라요.

우리는 평소에 무의식적으로 "힘들어 죽겠어"와 같은 말들을 자주 합니다. 이는 알게 모르게 부정적인 생각을 점화시키고 있는 것입니다. 그러므로 우리는 내면에서 긍정적인 생각이 점화될 수 있도록 노력해야 해요. 긍정에 불이 붙을 수 있도록 일부러라도 긍정의 말을 많이 해야겠어요. 이렇게 점화된 긍정의 불길이 모두를 기분 좋게 만든다면 더할 나위 없이 좋겠지요.

35 회복 탄력성

회복 탄력성은 영어로 'resilience'입니다. 극복력, 탄력성, 회복력 등으로 번역되는 단어이지요. 이처럼 회복 탄력성은 크고 작은 시련과 실패를 오히려 도약의 발판으로 삼아서 더 높이 뛰어오르는 마음의 힘을 의미합니다. 회복 탄력성은 날아오는 야구공을 잡는 원리와도 비슷해요. 야구를 좋아하는 사람이라면, 날아오는 야구공을 뻣뻣한 상태로 잡지 않습니다. **마치 공을 끌어안는 듯한 느낌으로 받지요. 그래야 충격을 줄이면서 안전하게 잡을 수 있기 때문입니다.**

삶을 살다 보면 여기저기에서 돌직구가 날아오기도 합니다.

"어떻게 이것밖에 못해?"
"노력을 하긴 한 거야?"

실수와 잘못은 누구나 할 수 있는 것인데, 날카로운 비난의 말은 마음에 큰 상처를 입히지요. 굳이 돌직구가 아니라, 커브처럼 우회적으로 비아냥거리는 말에도 우리는 상처를 받게 됩니다.

바로 이때, 우리는 위에서 말한 캐치볼의 원리를 사용할 수 있습니다. 내가 원치 않는 것이라고 해서 밀어내듯이 잡는다든지, 멍한 상태에서 잡으면 안 돼요. 일단은 끌어안듯이 받아들이는 것이 좋습니다. 이것이 바로 회복 탄력성입니다. 회복 탄력성이 좋은 사람은 쉽게 상처받지 않습니다. 만약 상처가 되는 상황이라 해도 금방 회복할 수 있지요. 또한 어떤 환경 속에서도 배우고 성장할 수 있답니다. 결국 세상 누구도 당해 낼 수 없는 진정한 능력자로서 인정을 받으며 영향력을 끼치는 삶을 살게 되는 것입니다.

〈세 얼간이〉라는 영화가 있습니다. 이 영화의 주인공은 란초입니다. 란초는 정원사의 아들로 태어나 배움과는 거리가 멀었습니다. 심지어 아버지가 일찍 돌아가셨기 때문에 삶을 비관할 수도 있었지요. 하지만 그는 그렇게 하지 않았습니다. 회복탄력성이 있었기 때문입니다. 란초는 불행과 역경 속에서도 넘치는 회복 탄력성으로 누구보다 열심히 배우고 익혀서 성공할 수 있었습니다. 그뿐 아니라, 삶에 대한 그의 자세는 친구들에게도 좋은 영향을 주었답니다.

여러분도 혹시 시련과 실패의 때를 만나면 '회복 탄력성'이라는 이 다섯 글자를 꼭 기억하면 좋겠습니다.

2장

관계 속의
심리학

01 가스라이팅

가스라이팅은 1938년 패트릭 해밀턴 작가가 연출한 〈가스등 Gas Light〉이라는 연극에서 유래된 용어입니다. 이 연극의 내용은 한마디로 잭이라는 남성이 아내 벨라를 자기 마음대로 억압하는 이야기입니다. 잭은 윗집 부인의 값비싼 보석을 호시탐탐 노렸고, 결국 그것을 훔치기 위해 윗집 부인을 살해합니다. 이때 보석을 찾으려면 가스등을 켜야만 했는데, 이렇게 하면 가스를 나눠 쓰던 다른 집의 불이 어두워져서 범행을 들킬 위험이 있었지요.

잭은 과연 어떻게 했을까요? 우선 집안에 있던 물건을 숨긴후, 벨라가 물건을 잃어버렸다고 몰아붙였습니다. 이는 의도적으로 한 행동입니다. 잭이 보석을 찾기 위해 가스등을 켤 때, 벨라가 있는 아래층이 어두워지면 의심을 살 수 있으니 미리 포석을 깔았던 것입니다. 벨라가 집안이 어두워졌다고 하면 잭은 그렇지 않다며 면박을 주고, 심지어 정신병자로까지 몰아세웠어요. 이렇게 아내의 심리를 자기 마음대로 조종했지요.

벨라도 처음에는 남편이 이상하다고 생각했습니다. 하지만 이런 일이 반복해서 일어나자, 벨라는 점점 자기 자신을 믿을 수가 없었어요. 심지어 스스로 뭔가를 판단할 수조차 없게 되었습니다. 결국 그녀는 철저히 남편에게만 의존하는 삶을 살 수밖에 없었어요.

이렇게 다른 사람의 심리나 상황을 교묘하게 조작해서 현실감과 판단력을 잃게 만든 후 그 사람을 마음대로 조종하는 것이 가스라이팅입니다. 일종의 정신적인 학대라고 할 수 있지요. 가해자는 피해자로 하여금 자존감과 판단 능력을 빼앗아서 사회적으로 고립시키는 경우가 많습니다. 왜 그렇게까지 하는 것일까요? 상대에 대한 자신의 지배력을 강화하기 위해서랍니다. 정신적으로 급격히 약해진 피해자는 결국 가해자에게 더욱 의존할 수밖에 없게 됩니다. 그래서 무엇이든 시키는 대로 하게 되지요. 특히 가해자는 피해자를 위한다는 명목으로 가스라이팅을 하기 때문에, 대부분의 피해자는 자신이 가스라이팅을 당하고 있다는 사실조차 알지 못한다는 것이 큰 문제입니다.

🔓 알면 알수록 재미있는 심리 법칙

가스라이팅은 특히 친구, 연인, 가족 등 친밀한 관계에서 주로 나타난다고 해요.

02 거울 자아 이론

거울을 보면 무엇이 보이나요? 당연히 나 자신의 모습이 보이겠지요. 크지는 않지만 귀엽고 아담한 키, 갸름하지는 않지만 통통하고 발그레한 볼, 하얗지는 않지만 건강한 구릿빛 피부, 잘생기지는 않았지만 개성있는 얼굴 등⋯ 우리는 이렇게 거울에 비친 모습을 보면서 내가 어떤 사람인지 알아 갑니다.

그런데 앞서 이야기한 거울이 아닌, 또 다른 거울이 있다는 사실을 아시나요? 그 정체는 바로 '타인'입니다. 다른 사람들이 나에게 해 주는 말을 듣고 있노라면 내가 누구인지 조금은 알수 있기 때문입니다. 또한 사람은 타인에게 평가를 받기도 하지만, 타인을 평가하기도 합니다. "아무개는 좋은 사람이야.", "나쁜 사람이야.", "재미있는 사람이야."⋯ 그래서인지 우리는 타인에게 좀 더 괜찮은 사람으로 보이기 위해 많은 노력을 하고 있지요. 머리 스타일에 변화를 주고 멋진 옷으로 개성을 연출할 뿐 아니라, 말과 행동에도 각별하게 신경을 씁니다. **이처럼 사람들의 평가가 마치 거울과 같고, 이것으로 자아를 형성한다고 해서 '거울 자아 이론'이라고 합니다.**

〈나의 아저씨〉라는 드라마에서 남자 주인공이 여자 주인공에 대해 평가하는 장면이 등장합니다. "그 아이는 좋은 사람입

니다." 늘 부정적인 거울 자아를 가지고 있던 여자 주인공은 이 말을 듣고 크게 감동을 받게 되었지요. 나아가 희망을 가지고 새로운 삶을 살게 되었답니다.

이제 여러분의 거울을 들여다볼 차례입니다. 어떤 모습이 보이나요? 여러분을 향한 사람들의 평가는 무엇인가요? 여러분을 향한 사람들의 기대감이 혹시 느껴지나요? 그러나 섣불리 실망하지는 마세요. 여러분은 조금씩 자아를 만들어 가고 있는 중이니까요. 아직 완성된 것이 아니기에, 벌써부터 부정적일 필요는 없습니다. 사람들이 나를 향해 말하는 작은 희망, 긍정, 기대를 소중하게 간직하기를 바랍니다. 그리고 그것을 거울 삼아 자신의 모습을 바라본다면 틀림없이 훌륭한 사람이 될 수 있을 것입니다.

03 고립 효과

요즘 코로나바이러스 때문에 원치 않게 자가 격리를 해야 할 때가 있습니다. 특정 공간에 갇힌 채 지내는 것은 상당히 힘든 일이지요. 그런데 고립되어 격리 생활을 해야 하는 경우는 생각보다 많습니다. 우주 공간에서 생활하는 우주인, 잠수함을 타고 오랜 시간 바닷속에서 생활하는 사람, 남극에서 활동하는 연구원을 예로 들 수 있답니다.

이런 사람들의 공통점은 좁은 공간에서 다른 사람과 함께 생활한다는 것입니다. 평소에 외로움을 많이 느끼는 사람들은 이런 생활을 좋아할 수도 있겠지요. 하지만 처음에는 화기애애하더라도 시간이 갈수록 분위기가 이상해지는 경우가 많다고 합니다. 제한적인 환경으로 인해 예민해지다 보니, 서로 짜증도 내고 불평도 쏟아내는 등 감정이 쉽게 격해지면서 결국 싸우는 일들이 자주 발생하는 것입니다.

이와 같이 좁은 공간에서 여러 명이 함께 생활할 때 감정이 격해지는 현상을 '고립 효과'라고 부릅니다. 남극에 파견된 연구원들을 대상으로 한 연구가 주목을 받아서 '남극형 증후군'이라고도 한답니다.

전방 부대에서 나라를 지키는 군인들은 어떨까요? 철책을 지키는 부대를 GOP부대라고 하는데, 주로 철책에서 경계 근무를 합니다. 한번 전방에 들어가면 평균 3~4개월은 철저하게 고립된 생활을 해야 하지요. 고립된 생활만으로도 힘든데, 밤에는 경계 근무를 하고 낮에는 잠을 자며 낮과 밤이 바뀐 생활을 해야 하니 얼마나 힘들까요? GOP 생활도 처음에는 비교적 분위기가 괜찮지만, 시간이 지날수록 많은 이들이 예민해지기 시작한다고 합니다. 또, 군대라는 곳은 철저하게 계급을 따르며 살아야 하고, 상명하복이 있는 곳입니다. 그렇다 보니 고립 효과가 더 크게 나타날 수 있습니다. 고참의 괴롭힘을 견디지 못해서 총기 난사를 한다거나, 가끔은 탈영병이 발생하기도 하지요. 하지만 요즘 군대는 훨씬 많이 좋아졌기 때문에 너무 걱정하지 않아도 괜찮습니다.

어떻게 하면 이런 불미스러운 일들이 일어나지 않도록 예방할 수 있을까요? 고립된 생활을 하는 사람들을 모두가 잘 돌봐주어야겠지요. 그렇지 않아도 코로나 때문에 고립된 사람들이 많다고 하니 주변을 둘러보며 더 신경을 써야 합니다. 몸은 고립되어 있을지라도 마음만은 늘 새로울 수 있도록 편지, 문자, 메신저, 전화, 영상 통화 등으로 안부를 전해 보세요.

04 공감적 이해

공감적 이해는 칼 로저스라는 심리학자의 상담 기법 중 하나입니다. 로저스는 인간 중심 상담의 대가라고 할 수 있습니다. 공감이라는 말은 많이 들어 봤겠지요? **쉽게 풀어 말하면 '함께 느끼는 것', '감정을 함께하는 것'이라고 할 수 있습니다.** 따라서 '공감적 이해'는 이러한 공감을 통해 누군가를 이해하게 되는 것입니다. 계속 공감하다 보면 어느 순간 이해의 수준에 이르게 되지요. 공감적 이해의 자세는 누군가와 상담할 때뿐 아니라, 일상적인 대화를 나눌 때에도 항상 필요하답니다.

공감이라고 하니 《모모》라는 책이 생각납니다. 이 책의 지은이는 현대 사회를 살아가는 사람들의 삭막한 삶을 고발하듯 이야기하고 있습니다. 그래서인지 책 여기저기에서 주인공 모모의 '공감적 경청'이 유난히 빛나고 있지요. 모모는 원형 경기장 한 모퉁이에서 사는 어린아이입니다. 모모는 마치 상대의 마음속에 들어가기라도 할 것처럼 혼신을 다해 상대의 이야기를 귀기울여 들어 주었습니다. 그래서 어른 아이 할 것 없이 모든 사람들이 모모를 좋아하게 되었지요.

또 '공감'하면 떠오르는 인물이 있습니다. 바로 토크쇼의 여왕, 오프라 윈프리입니다. 오프라가 오늘날 많은 사람들에게 인기 있고, 존경받는 이유는 그녀의 공감적 이해에 있다고 생각합니다. 오프라는 내담자 스스로가 답을 찾을 수 있도록 믿어 주고, 그가 하는 말에 깊은 이해와 사랑으로 반응하면서 들어 주었습니다. 그러자 놀라운 일들이 벌어졌지요. 내담자가 스스로 문제를 발견하고 해법까지 찾아내서 결국 그 문제를 해결하게 된 겁니다.

공감적 이해는 참 멋진 삶의 자세인 것 같습니다. 이렇게 좋은 것이라면, 더 이상 가만히 있을 수 없지 않을까요? 우리 모두 지금부터라도 공감적 이해를 시작해 보면 좋겠습니다.

알면 알수록 재미있는 심리 법칙

'사람 중심 상담'이라고도 하는 인간 중심 상담에서는 독특한 상담 기법을 사용하는 것으로도 유명합니다. 그중의 하나가 공감으로, 상담자는 내담자를 무조건적으로 존중하며 공감하는 방법으로 상담을 합니다. 그 이유는 내담자가 이미 '자기실현 능력'을 가지고 있다고 믿기 때문이랍니다.

05 내면아이

사람은 누구나 마음 깊은 곳에 '내면아이'라는 것이 있습니다. 내면아이는 자신의 어린 시절을 설명해 주는 존재이기도 합니다. 주목할 만한 점은 나이에 관계없이 누구나 내면아이의 영향을 받으며 살고 있다는 것입니다.

내면아이의 형성은 부모의 양육 태도와 관련이 있습니다. 부모와 어떤 상호 작용을 했느냐에 따라 달라지는 것이 내면아이라고 할 수 있지요. 이미 어른이 된 사람의 마음에도 어린 시절의 기억은 남아 있기 마련입니다. 어린 시절의 경험은 그냥 사라져 버리는 것이 아니라, 마음 속에 남아서 현재의 삶에 영향을 미치지요. 어린 시절 무시당하고 상처받은 내면아이는 특히 그렇습니다. 아무리 세월이 흘러 어른이 된다 해도 그 상처는 어느 순간 부정적인 모습으로 나타나게 됩니다.

모두 그런 것은 아니지만, 어린 시절에 부모의 인정과 칭찬을 받지 못한 사람은 인정과 칭찬에 집착하는 모습을 보인다고 합니다. 또한 부모에게 심하게 억압받고 통제당한 사람의 경우는 어떨까요? 주체성이 떨어지는 의존적인 내면아이가 만들어진다고 합니다.

심지어 내면아이는 할아버지, 할머니의 나이가 되어서도 나타난다고 해요. 상처받은 어린아이가 내면에 있다면, 아무리 나이가 든다고 해도 미성숙하고 퇴행적이며 유치한 행동을 보일 수 있습니다. 그렇다면 이처럼 부정적인 내면아이는 어떻게 해야 할까요? 저절로 좋아질 때까지 기다려야 할까요? 그렇지 않습니다. 적극적인 자세로 치료를 받아야 하지요. 적절한 상담 치료를 받는다면 많이 좋아질 수 있답니다. 또한 여러분의 내면아이가 상처받지 않도록 지금부터 잘 관리할 필요가 있습니다.

06 링겔만 효과

링겔만 효과는 혼자서 할 때보다 팀플레이로 할 때 오히려 불리해지는 현상입니다. 우리 조상들은 힘들 때 늘 상부상조하면서 살았고, 우리는 이를 지혜라고 배워 왔는데 팀플레이가 불리하다니… 그 이유가 무엇일까요? 바로 사람은 혼자 할 때보다 여럿이 할 때 힘을 덜 쏟기 때문입니다. 이런 현상은 함께하는 사람의 수가 많아질수록 더 심해진다고 하지요. 과연 어떻게 된 일일까요?

링겔만 효과는 1913년 프랑스의 농업 전문가인 링겔만의 줄다리기 실험에서 확인되었습니다. 그는 이 실험으로 팀 구성원들의 공헌도를 측정했습니다. 먼저 한 사람씩 줄 당기는 힘을 측정한 다음, 3명의 팀으로 측정했고 이 후 5명, 8명으로 점점 팀원의 숫자를 늘려가며 측정했지요. 그런데 놀랍게도 한 사람의 힘의 크기를 100이라고 했을 때, 팀원의 숫자가 늘어날수록 한 사람당 끄는 힘의 크기는 점점 줄어들었습니다. 이 실험을 통해서 링겔만은 다음과 같은 결론을 내렸어요.

팀원이 된 개인은 자신의 힘을 최대로 발휘하지 않는다. 집단의 크기가 커질수록 이러한 경향은 더욱 뚜렷해진다.

그럼 왜 이런 일이 벌어지는 것일까요? 시너지 효과(두 명이 함께 일하면 둘 이상의 효과가 나타나는 현상)가 나타날 수도 있을텐데 말입니다. 이는 '나 하나쯤이야'라는 생각 때문이었습니다. **팀 구성원 개개인이 '나 하나쯤이야'라고 생각하면 자기 능력을 충분히 발휘하지 않게 되기 때문입니다.** 이것을 도덕적 해이라고도 부릅니다.

흔히 '팀워크'라고 부르는 말이 있습니다. 게임을 한번 생각해 볼까요? 아주 유명한 스타 선수들로 이루어진 팀이 경기에서 지는 경우가 가끔 있습니다. 이렇게 절대로 지지 않을 것 같은 팀이 지게 되는 이유는 무엇이었을까요? 바로 팀워크의 부족 때문입니다. 우리 팀은 스타들이 있으니 나 하나쯤 대충해도 이길 수 있다는 자만심 때문이지요. 개인의 능력이 중요한만큼 팀워크도 매우 중요하다는 사실을 기억하기 바랍니다.

07 분리개별화

지금 이 순간에도 '응애응애' 하며 예쁜 아기가 세상에 태어나고 있습니다. 작은 아기에게 세상은 얼마나 낯설고 두려울까요? 그래서 태어나자마자 우는 건지도 모릅니다. 물론 아기에게는 자신을 가장 가까이에서 보살펴 주는 사람이 있습니다. 바로 '엄마'라고 불리는 사람이지요. 처음에 아기는 엄마가 자기와 분리된 존재인지 잘 모른다고 합니다. 대부분 엄마와 늘 함께 생활하기 때문이에요. 아기 옆에는 배가 고프면 먹여 주고, 응가를 하면 기저귀를 바로바로 갈아 주는 엄마가 늘 있습니다.

하지만 아기가 조금 자라면 어떻게 될까요? 아기는 엄마를 자신의 필요를 채워 주는 사람 정도로 생각합니다. 그러다가 엄마가 없으면 자신이 아무것도 할 수 없는 존재라는 것을 조금씩 알게 된다고 해요. 그런 엄마와 떨어지게 된다면 아기의 감정은 어떨까요? 많이 무서울 것입니다. 자신의 생명을 지켜 주는 수호신과도 같았는데, 그런 엄마가 사라진다는 것은 아주 끔찍한 일이지요.

하지만 이 시기가 잘 지나가면 '대상관계'라는 것이 만들어진다고 합니다. 즉, 엄마 이외의 대상들이 생기는 것입니다. 낯설게만 느껴졌던 다른 사람에 대해서 호기심을 느끼게 되지요. 이렇게 다른 사람에 대한 관심이 생기는 것도 신기하지만, 더욱 신기한 사실은 이때 '나'라는 인식이 생긴다는 것입니다.

이제 아기는 비로소 엄마와 자신이 분리되어 있는 존재임을 알게 되지요. 심지어 엄마에게 의존하지 않고 스스로 할 수 있는 것에 대한 즐거움도 느낄 수 있다고 해요. 이것을 분리개별화라고 부릅니다.

분리개별화는 아기가 정상적인 한 인간으로 성장함에 있어 꼭 필요한 과정입니다. 하지만 어른이 되어서도 분리개별화가 제대로 이루어지지 않아 여전히 어린아이처럼 살아가는 사람도 있어요. 그들은 아직도 엄마에게 의지하는 마음이 커서 스스로 할 수 있는 일이 많지 않지요. 몸은 어른이지만 마음은 어린아이에 머물러 있는 것입니다. 그러므로 인간은 뭐든지 스스로 할 수 있도록 자기를 훈련하는 것이 정말 중요하답니다.

알면 알수록 재미있는 심리 법칙

심리 전문가들에 따르면 아기는 엄마와의 대상관계를 잘 맺어야 이후 다른 사람들과의 인간관계도 잘 맺을 수 있다고 해요.

08 상호성의 법칙

누군가가 나에게 친절을 베풀면, 자연스레 보답하고 싶은 마음이 듭니다. 예를 들어, 친구가 자신의 생일 파티에 초대해 준다면 어떤 마음이 들까요? 나 또한 생일에 그 친구를 초대해야 할 것 같은 마음이 생기겠지요. 누군가 아이스크림을 조건 없이 사 준다면, 똑같이 그에게 뭔가를 조건 없이 사 줘야만 할 것 같은 마음이 드는 법입니다. 이것을 '상호성의 법칙'이라고 합니다.

물론 반대의 경우도 얼마든지 있을 수 있어요. 상대가 나를 나쁘게 대하면 나도 그를 나쁘게 대하고 싶은 심리이지요. 이를 잘 보여 주는 속담이 있는데 한번 맞춰 볼까요? 초성 힌트는 'ㅇㄴ ㅈㅇ ㅇㅇㅇ ㄱㄴ ㅈㄷ ㅇㄷ'입니다. 답은 맨 아래에 있어요.

그렇다면 왜 이런 심리 현상이 나타나는 것일까요?

상대가 호의를 베풀면 그것을 받은 사람은 빚진 기분이 들기 때문입니다. 빚을 져 본 사람은 이해가 쉽겠군요. 빚을 진 사람의 마음은 매우 불편하답니다. 하루빨리 갚아야 할 것만 같은 마음이 들지요. 그래서 이런 빚진 마음을 해소하기 위해 똑같이 호의를 베풀게 되는 것입니다.

만약, 평소에 너무 싫어하는 사람에게 뜻하지 않은 호의를 받게 되면 어떨까요? 오히려 거부감이 드는 역효과가 나타날 수도 있어요. 그 사람이 너무 싫은데 그가 자꾸 선물 공세를 한다면 불편한 마음은 더욱 커지기 마련이겠지요.

답: 오는 정이 있어야 가는 정이 있다

그러므로 누구를 만나든 좋은 느낌을 줄 수 있도록 노력해야 합니다. 평소에 좋은 인상을 줄 수 있도록 자기 관리를 잘 해야 겠지요. 청결은 필수고, 언어 습관과 옷을 입는 스타일까지도 신경을 쓰면 좋을 거예요.

09 스톡홀름 증후군

자, 여러분의 세계사 실력을 시험해 봅시다. 스톡홀름은 어느 나라에 있는 도시일까요? 정답은 스웨덴입니다. '스톡홀름 증후군'은 도시의 지명을 따서 붙인 심리학 용어랍니다. 혹시 '서울 증후군'이라는 말을 들어본 적 있나요? 전혀 듣도 보도 못했겠지요. 그래서 그런지 스톡홀름 증후군이라는 용어가 아주 특이하게 다가오는 것 같습니다.

1973년, 스톡홀름에 있는 한 은행에서 강도 사건이 발생했습니다. 강도들은 허공에 기관총을 쏘아 댔고 네 명의 직원들을 인질로 삼았습니다. 이후 6일 동안이나 경찰과 대치하게 되었지요. 다행히 사건은 잘 해결되었고 붙잡혔던 인질들은 무사히 풀려날 수 있었습니다.

그런데 범인들을 재판하는 과정에서 이상한 일이 벌어졌습니다. 얼마나 이상하냐고요? 상식적으로 있을 수 없는 일이었습니다. 인질이었던 은행 직원들이 법정에서 이상한 증언을 한 거예요. **범인의 죄를 묻기 위해 증인으로 부른 것인데, 증인들은 범인에게 유리한 증언만을 늘어놓았어요. 심지어 범인들에게 불리할 것 같은 이야기는 진술을 아예 거부했다고 합니다.** 인질들이 범인들을 적극 옹호했다는 사실은 큰 충격을 안겨 주었습니다.

도대체 그들은 왜 그렇게 했던 것일까요? 6일 동안 인질로 잡혀있으면서 대체 무슨 일이 있었던 걸까요?

당시 인질이었던 직원들은 극심한 공포감에 떨어야 했습니다. 죽을 수도 있다는 두려움이 그들의 몸과 마음을 사로잡았지요. 그런데 이때 범인들은 그들을 해치기는커녕 오히려 따뜻하게 대해 주었습니다. 음식을 나누어 먹거나 추위에 떠는 사람에게는 담요를 덮어 주기도 했지요. 이 과정에서 인질들이 감동을 받은 거예요. 그래서 적극적으로 그들의 편을 들어 준 것입니다. 이 사건 이후로 피해자가 가해자를 감싸거나, 가해자와 자신을 동일시하는 현상을 '스톡홀름 증후군'이라고 부르게 되었습니다.

10 신데렐라 효과

신데렐라는 어려서 부모님을 잃고요.
계모와 언니들에게 구박을 받았더래요.

신데렐라 이야기를 모르는 사람은 없을 테고… '신데렐라 효과'는 들어본 적 있나요? 영화 〈해리포터〉에서 구박받는 해리의 모습을 떠올려 보세요. 볼드모트 말고도 주인공 해리를 엄청 괴롭히는 사람들이 있었습니다. 바로 더즐리 씨와 그 가족들입니다. 특히 더즐리 씨는 자신의 두 아들과 해리를 심하게 차별했지요. 그래서 해리는 빛도 들어오지 않는 계단 밑 작은 방에서 지내야만 했답니다. 친부모님을 잃은 것만도 감당하기 힘들 텐데, 구박까지 받아야 하다니 참 안타까운 일입니다.

과학자들의 연구에 의하면, 친자녀와 의붓자녀가 같은 집에서 생활할 경우 의붓자녀가 차별받을 확률이 90퍼센트나 된다고 합니다. 그리고 계부나 계모와 함께 사는 아이가 학대를 당할 위험은 그렇지 않은 아이에 비해 일곱 배나 높다는 통계가 있습니다. 이런 현상을 신데렐라 효과라고 하지요.

왜 이런 일이 벌어지는 것일까요? 내 자식이 아니기 때문에 그런 것일까요? 아니면 사랑으로 키워도 결국 배신할 것이라는 생각 때문일까요? 신기한 점은 동물의 세계에서도 이와 비숫한 현상들이 나타난다는 사실입니다. 자기 피가 섞이지 않은 새끼를 죽이는 일이 흔하게 일어나지요. 예를 들어, 사자는 무리지어 생활하는 동물입니다. 사자의 무리에는 우두머리가 있는데, 한 숫사자가 무리의 우두머리가 되면 다른 숫사자의 새끼들을 모두 죽여 버리는 일이 종종 있다고 해요. 너무 끔찍하지 않나요? 물론 동물은 동물이기에 그럴 수 있습니다. 하지만 인간이 할 짓은 아니라는 생각이 듭니다. 인간에게도 동물적인 본성이 남아있기 때문에 어쩔 수 없다고요? 하지만 왜 굳이 이런 동물적인 본성에 굴복해야 하는 걸까요? 못된 심리를 잘 조절하지 않으면 영화 속 더즐리 가족이나 볼드모트 같은 존재와 다를 바 없다는 걸 기억해야 합니다. 또한 부정적 심리 현상이 예상될 때에는 그런 일이 일어나지 않도록 적극적으로 대처하는 자세가 필요합니다.

11 안아 주기 효과

안아 주기는 엄마가 아기에게 전하는 애틋한 사랑의 표현이라고 할 수 있습니다. 영어로는 'Hug(허그)'라고 하고, '포옹'이라고도 불리는 안아 주기는 꼭 아기에게만 필요한 것은 아닙니다. 누구에게나 필요한 애정 표현이지요. 영국의 심리학자인 위니컷은 안아 주기가 어린아이들이 건강하게 성장할 수 있도록 돕는 핵심적인 요소라고 말했습니다. 왜 그럴까요? 안아 주기는 아이로 하여금 충분히 안전하다는 기분, 즉 심리적 안정감을 느끼게 하기 때문입니다.

캥거루가 배에 있는 주머니에 새끼를 넣어서 키운다는 사실은 대부분의 사람들이 알고 있습니다. 사람에게는 이런 주머니가 없지만, 엄마가 아이를 꼭 안아 주면 그 이상의 효과를 낼 수 있답니다. 엄마 품에 안긴 아기는 엄마의 심장 소리를 들을 수 있고 따뜻한 체온도 느낄 수가 있지요.

1980년대 콜롬비아에는 인큐베이터가 부족했습니다. 그래서 미숙아가 위험해지는 상황들이 발생했습니다. 이때 캥거루처럼 아기들을 품에 안아 주었는데, 과연 결과는 어땠을까요? 인큐베이터보다 오히려 더 훌륭한 효과가 있었다고 합니다.

안아 주기 효과는 아이들에게만 해당되는 것은 아닙니다. 코로나바이러스가 생기기 전에는 곳곳에서 '프리 허그'라는 이벤트가 열렸습니다. 말 그대로 무료로 안아 주는 행사이지요. '누가 모르는 사람과 껴안으려고 하겠어?'라고 생각할 수도 있겠지만, 결과는 그렇지 않았습니다. 그만큼 많은 사람들이 따뜻한 위로와 관심을 필요로 하는 것 아닐까요?

심지어 안아 주기는 다이어트에도 효과가 있다고 합니다. 포옹이 심리적 안정감을 제공하기 때문에 식욕을 떨어뜨리는 것이지요. 또한 포옹을 받는 사람뿐 아니라 포옹을 해 주는 사람의 건강과 면역력에도 좋은 효과가 있다고 해요. 이렇게 좋은 안아 주기를 혹시 아끼고만 있지 않나요? 돈도 들지 않고, 언제 어디서나 할 수 있는 안아 주기를 자주 실천해 보세요.

12 애착

태어난지 얼마 되지 않은 아기는 스스로 할 수 있는 것이 거의 없습니다. 그래서 필요한 것이 있으면 그것을 울음으로 표현합니다. 그러면 엄마는 사랑스런 표정으로 아기의 필요를 채워 주지요. "우리 아가 배고파요?" 하며 젖을 주거나 "우리 예쁜 아가가 응가를 했구나" 하며 기저귀를 갈아 줍니다.

아기는 울음으로 엄마의 보호 본능을 자극하는 것입니다. 이

로써 자신의 문제를 해결하고 보호
받을 수 있어요. 그리고 언제나
자신을 보살펴 주는 엄마를
신뢰하게 됩니다.

　애착이란 아기와 양육자
인 엄마 사이의 관계에서 만
들어지는 친밀한 감정을 의
미해요. **아기와 엄마는 태어나기**
전부터 이미 아주 가까운 정서적 관계
를 가지고 있습니다. 이런 관계는 그냥 머물러 있지 않아요. 안
아주거나 눈을 맞추거나 미소를 짓는 식의 교류를 통해 점점
발전한다고 합니다. 엄마가 '까꿍' 하면 아기는 점점 더 활발하
게 반응을 합니다. 처음에는 눈웃음만 짓다가 나중에는 깔깔대
면서 웃기까지 하지요.

　아기는 엄마에게 받는 이런 보호와 사랑, 스킨십을 통해 세
상이라는 낯선 환경에 적응하는 법을 배운다고 합니다. '이 세
상이 마냥 두려운 곳은 아니구나, 좋은 곳이구나' 하는 것을 알
게 되는 것입니다. 이 시기에 맺어지는 부모와의 관계성은 정
말 중요합니다. 앞으로 아기가 살아갈 삶에 계속해서 영향을
주기 때문입니다.

13 오이디푸스 콤플렉스

오이디푸스는 그리스 신화에 나오는 테베의 왕입니다. 그는 왕자로 태어났지만 이상한 예언 때문에 태어나자마자 산속에 버려졌습니다. 어떤 예언이었냐고요? 그가 아버지를 죽이고 어머니와 결혼하게 된다는 무시무시한 내용이었답니다.

버려진 오이디푸스는 어느 목동에게 발견되어 목숨을 건질 수 있었습니다. 이웃나라의 왕자로 자란 그는 우연한 사건으로 인해 결국 예언대로 아버지를 죽이고 테베의 왕이 되었으며, 자신의 어머니와 결혼을 하게 되었습니다. 신화 속에서나 가능한 비현실적인 이야기지요.

심리학 용어인 '오이디푸스 콤플렉스'는 프로이트라는 심리학자가 처음 사용했습니다. 말 그대로 오이디푸스가 가진 콤플렉스(열등감)라고 생각하면 됩니다. 일반적으로 4~6세 정도의 남자 아이들은 엄마를 사랑하고 아빠는 미워하게 된다고 해요. 무의식적으로 아빠에 대해 질투하고 반감을 느끼는 것입니다. 이러한 상황에서 남자아이들은 엄마를 놓고 아빠와 경쟁합니다. 엄마의 사랑을 독차지하기 위해 때로는 아빠를 '적'이라고 생각할 정도로 치열하게 대립합니다.

하지만 아이는 곧 아빠와 자신이 비교가 되지 않는다는 것을 느낍니다. 힘, 지식, 돈… 그 무엇도 아빠를 이기기에는 역

부족이기 때문이지요. 그래서 프로이트는 이런 현상을 콤플렉스라는 말을 사용해서 '오이디푸스 콤플렉스'라고 불렀던 것으로 생각됩니다.

오이디푸스 신화도, 아들이 아빠에게 열등감을 느끼는 내용도 쉽게 납득되지 않는 것이 사실입니다. 하지만 그렇다고 해서 너무 심각하게 생각하지는 마세요. 원래 인간은 무의식적으로 자신을 보호하고자 하는 심리가 있거든요. 그래서 나타나는 하나의 현상이랍니다. 또한 자아가 성장하면서 겪는 성장통이라고 생각하면 좋을 것 같아요. 성숙한 사람이 되어가는 하나의 과정인 셈이지요.

🔓 알면 알수록 재미있는 심리 법칙

꼭 남자아이에게만 이런 현상이 있는 것은 아닙니다. 여자아이의 경우는 반대로 생각하면 됩니다. 아빠의 사랑을 독차지하기 위해서 엄마와 경쟁을 하는 것이지요. 이런 현상을 '엘렉트라 콤플렉스'라고 부릅니다.

14 오찬 효과

사람들이 음식을 함께 먹을 때 상대에 대해 호감을 갖게 되는 현상을 '오찬 효과'라고 합니다. 그래서 보통 누군가와 더 가까워지고 싶을 때 함께 식사를 제안하는 것이 아닐까요? 함께 음식을 먹거나 마시면 대화가 더욱 잘 되고, 음식을 대접한 사람에게 쉽게 설득되기도 한답니다. 음식에 마법의 약을 넣은 것도 아닌데 어떻게 이런 일이 일어나는 것일까요?

첫째, 사람은 식사 대접을 받으면 그에 대해 보답하려는 심리가 생긴다고 합니다. 빚진 자의 마음이라고나 할까요? 나를 귀하게 대접해 준 상대에 대한 고마운 마음이지요.

둘째, 맛있는 것을 먹을 때 기분이 좋아지기 때문입니다. 맛있는 음식을 먹으면 엔도르핀이 나오면서 기분이 좋아지고, 이러한 긍정적인 감정이 함께 식사한 사람과 연결이 되는 것입니다. 물론 분위기까지 아주 좋은 레스토랑에서 식사를 한다면 더욱 긍정적인 감정을 만들 수 있겠지요?

이러한 이유들 때문인지 사람들은 오찬 효과를 많이 활용하고 있는 것 같습니다. **낯선 사람과 친해지기 위해 식사에 초대하는 일은 세계 어디에서나 흔하게 볼 수 있지요. 특히 축제나 공동체의 결속을 다지는 모임에서는 반드시 음식을 나누어 먹는 시간이 있습니다.** 혹시 '뒤풀이'라는 말을 들어 봤나요? 어떤 행사가 끝나면 함께 음식을 먹고 마시면서 서로를 위로하고 격려하는 것입니다. 친밀감을 높이는 데는 식사를 함께하는 것만큼 효과적인 방법도 없지요. 어른들의 문화에 회식이 빠질 수 없는 이유도 마찬가지입니다.

하지만 밥 먹을 때 듣기 싫은 잔소리를 듣게 된다면 어떨까요? 아마 밥이 잘 넘어가지 않겠지요? 어쩌면 체할지도 모릅니다. 아무리 맛있는 음식이 차려져 있어도 불편한 자리는 피하고 싶을 거예요. 항상 오찬 효과를 기대할 수 있는 것은 아닙니다. 음식보다 더 중요한 것은 상대를 향한 긍정적이고 따뜻한 마음이랍니다.

15 유사성의 원리

사람은 대부분 자기와 공통점이 있는 사람에게 더 끌리는 경향이 있는 것 같습니다. 예를 들어, 여러분이 아이유를 좋아한다면 누군가 아이유의 팬이라고 이야기할 때 반갑게 맞장구를 치게 되지요. 또 마블 영화를 좋아한다면 누군가 〈어벤저스〉 이야기를 할 때 즐거운 반응이 나오게 됩니다. 이처럼 좋아하는 것이 같은 사람들은 심지어 동호회를 만들어 활동하기도 합니다. 관심사가 같으니 서로를 좋아하는 마음도 커지는 것입니다.

'유유상종'이라는 말이 있습니다. 이는 같은 무리끼리 서로 사귄다는 말입니다. 한마디로 끼리끼리 어울려 논다는 뜻이지요. 이처럼 사람은 자신과 비슷한 사람들과 더 함께하는 경향이 있습니다. 이런 현상을 '유사성의 원리'라고 합니다. **자기와 비슷한 점을 발견했을 때 상대방에게 더 친밀감과 호감을 느끼게 되는 현상이에요.** 누가 시켜서가 아닌, 본능적으로 그렇게 되는 것입니다.

그렇다면, 유사성의 원리는 삶에 구체적으로 어떤 영향을 미칠까요? 일단, 친구를 사귈 때 자신과 비슷한 친구를 선택할 확률이 높습니다. 또한 데이트를 하거나 결혼 상대를 고를 때에도 자신과 비슷한 사람을 선택한다고 해요. 그래서인지 결혼 후에 상대에게서 자신의 성향과 다른 모습을 발견하여 갈등이 생기는 경우도 있답니다.

그리고 먼 친척보다 가까운 이웃과 더 친하게 지내는 경우도 많습니다. 가까이 지내다 보면 서로 사는 모습이 비슷해지기도 하지요. 삶의 방식이 비슷해지면 유사성의 원리를 따라 더 호감을 느낄 수밖에 없겠지요? 사람은 이처럼 자기와 비슷한 사람들에게 호감을 느끼고, 그들과 함께하며 살아가고 있습니다.

동병상련이라는 말은 유사성의 원리 때문에 나타나는 심리 현상입니다. 같은 병을 앓고 있는 사람들끼리 서로 불쌍히 여긴다는 말로, 어려운 처지에 있는 사람들끼리 서로 동정하면서 도와주고자 하는 심리를 말해요. 서로의 처지를 누구보다 잘 이해하기 때문에 진심 어린 이해와 공감을 주고받을 수 있답니다.

16 착한 아이 증후군

착한 아이 증후군은 다른 사람들에게 자신이 착한 사람이라는 것을 보여 주기 위해 애쓰는 심리입니다. 그렇다면 이렇게 질문하는 사람도 있을 거예요.

"착한 것이 잘못인가요?"
"착하게 살면 안 되나요?"

물론 착하게 살아야 하지요. 하지만 여기서 문제 삼는 것은 지나치게 착하게 보이려고 하는 행동입니다. 왜 그렇게까지 하게 되는 것일까요? 바로 사람들이 자신을 좋게 봐 주기를 바라는 마음 때문입니다. 착함이라는 것은 그 사람의 성품에서 자연스럽게 흘러나오는 것입니다. 그런데, 착한 아이 증후군을 앓는 사람은 타인에게 인정받고 싶은 마음 때문에 자신을 억누르면서 착한 행동을 쥐어짜내는 거예요.

이렇게 인정을 받아야 하는데 그럴 수 없다면 어떨까요? 마음이 불안해집니다. 그리고 점점 사람들의 눈치를 보면서 인정을 구걸하듯 착한 행동을 하게 되겠지요. 그렇다면 이처럼 착한 아이 증후군에 걸리는 이유가 무엇일까요? 답은 '자존감 부족'입니다. 무언가를 잘해야만 사랑받을 수 있다고 생각하기 때문이지요.

대부분의 부모님들은 자녀가 말을 잘 들으면 칭찬과 사랑을 해 주고, 그렇지 않으면 사랑이 아닌 징계(?)를 내립니다. 이러한 교육이 지속될 때 자녀는 이렇게 생각합니다. '착한 행동을 하지 않으면 사랑을 받을 수 없겠구나!' 일종의 불안감이 싹트는 것이지요. 여기서 비롯된 심리적 불안은 부모와의 관계에서 끝나는 것이 아닙니다. 반드시 다른 사람들과의 관계에도 영향을 미칩니다. 그래서 이런 사람은 자신의 감정과 욕구는 숨긴 채 타인의 감정과 욕구에만 민감해지는 거예요. 일종의 자기 억압이라고 할 수 있어요.

하지만 우리가 기억해야 할 것이 있습니다. **바로, 착해도 사랑받지 못할 수 있고, 착하지 않더라도 사랑받을 수 있다는 사실입니다.** 모두에게 사랑받을 수는 없지만, 그렇다고 모두에게 미움을 받는다는 법도 없지요. 사람들의 인정과 사랑에 목을 맬 필요가 없다는 것입니다. 정말 중요한 것은 스스로를 소중하게 여기는 마음입니다. 착한 아이 증후군에서 벗어나려면 자신의 감정에 솔직해져야 합니다. 결코 쉽지 않겠지만, 지금 이 순간 사람들의 시선을 신경쓰기보다는 나 자신의 솔직한 감정에 귀 기울여 보기 바랍니다. 나는 소중하니까요!

17 초두 효과

초두 효과는 첫인상 효과라고도 합니다. 첫인상은 사람을 만날 때 처음 갖게 되는 느낌이에요. 첫인상이 좋은 사람에 대해서는 안 좋은 일이 있어도 좋게 생각하려는 경향이 있습니다. 하지만 첫인상이 좋지 않은 사람은 똑같은 일이라도 더 부정적으로 생각하게 되지요. **첫인상 때문에 덕을 볼 수도 있지만 손해를 볼 수도 있는 것입니다.**

그러니 가능한 한 좋은 첫인상을 남길 수 있도록 노력해야겠지요? 깔끔하고 청결한 자기 관리는 필수입니다. 그렇다고 외모가 뛰어나거나 좋은 옷을 입어야 한다는 말은 아닙니다. 나만의 독특한 분위기 또는 이미지가 중요해요. 그리고 무엇보다 상대를 대하는 마음 자세가 첫인상을 결정하는 중요한 키key라고 할 수 있답니다.

미국의 대통령 선거에서 실제 있었던 일입니다. 1960년 케네디와 닉슨의 대결은 당시 모든 면에서 닉슨이 유리한 상황이었어요. 닉슨이 경험도 많았고 지명도도 높았습니다. 그런데 상황을 역전시키는 사건이 발생하게 되었어요. 그 사건은 바로 TV 토론이었습니다. 당시 닉슨은 메이크업을 거부했지만, 케네디는 TV 방송에 맞게 메이크업을 받았습니다. 그래서 시청자에게 상대보다 더 젊고 생기있는 리더라는 첫인상을 심어 줄

수 있었습니다. 이런 좋은 이미지가 이어져 결국 미국 대통령에 당선될 수 있었답니다.

다른 측면에서의 초두 효과를 알아볼까요? 사람을 소개할 때, 그 사람의 좋은 모습과 나쁜 모습이 있다면 어떤 것을 먼저 말해야 할까요?

1. 명철이는 똑똑해. 그런데 게으르지.
2. 명철이는 게을러. 그런데 똑똑하지.

똑똑하다는 말을 먼저 듣게 된다면 명철이를 긍정적으로 기억할 가능성이 높습니다. 하지만 게으르다는 말을 먼저 듣게 된다면 명철이를 다소 부정적으로 기억하게 됩니다.

위의 두 표현은 똑같은 사람에 대한 표현입니다. 단순히 순서만 바꾸었을 뿐인데 결과가 완전히 달라진다는 점이 참 신기하지요. 이 또한 처음 듣는 말이 첫인상처럼 기억되기 때문에 나타나는 초두 효과랍니다.

18 카멜레온 효과

카멜레온은 처세의 달인입니다. 주변의 색깔에 따라 자신의 몸 색깔을 바꾸는 것으로 유명하지요.

네덜란드의 한 식당에서 진행했던 실험 하나를 소개하겠습니다. 손님이 주문을 할 때 A 종업원에게는 그 내용을 그대로 따라하게 했고, B 종업원에게는 별다른 이야기를 하지 않았습니다. A 종업원은 손님이 "피자 하나 주세요"라고 하면 "피자 하나 주문 받았습니다"라고 말했습니다. 반면 B 종업원은 원래의 자기 방식대로 주문을 받았습니다. 과연 어떤 차이가 있었을까요?

우선 손님의 이야기를 따라 한 A 종업원이 훨씬 많은 팁을 받았습니다. 그뿐 아니라 식사에 대한 만족도도 A 종업원에게 주문을 한 손님들이 더 높았다고 해요. 신기하지 않나요?

왜 사람은 자신을 닮거나 따라 하는 사람에게 호감을 느끼는 걸까요? 그것은 일종의 본능이라고 합니다. 생존을 위한 본능이지요. 누군가가 나와 비슷하게 행동할 경우, 신기하게도 동반자라는 생각이 드는 것입니다. 그래서 잘해 주게 된답니다.

심리학에서 미러링mirroring이라는 기법이 있습니다. 이는 말그대로 거울처럼 반응하는 것입니다. 마치 카멜레온이 주변과 똑같은 색으로 변하는 것처럼 말입니다. "힘들고 답답해 미치겠네"라고 말하면 "힘들고 답답해 미칠 정도로 괴롭구나"라고 반응해 주고, "아무도 나를 이해하는 사람이 없는 것 같아"라고 말하면 "아무도 너를 이해하는 사람이 없다고 생각하는구나"라고 단순하게 따라 하는 것이지요. 이것을 '공감'이라고도 할 수 있습니다. 우리의 감정은 참 신기합니다. 단지 따라 했을 뿐인데 상대는 이해받았다고 생각하는 거예요. 이처럼 카멜레온 효과를 잘만 활용하면 여러분도 얼마든지 다른 사람에게 호감을 줄 수 있습니다. 심지어 누군가에게 버팀목이 되어 줄 수도 있답니다.

19 후광 효과

후광은 말 그대로 뒤에서 빛이 나는 것입니다. 이로 인해 그 사람의 모든 것이 다 좋게 보이는 거예요. 이런 현상을 후광 효과라고 합니다. 일종의 착시라고도 할 수 있습니다. 긍정적인 모습 하나를 보고 그 사람의 다른 모습까지도 모두 좋게 평가하는 것입니다. 물론 그 반대로, 좋지 않은 모습 하나 때문에 다른 부분까지도 나쁘게 평가하는 일도 있지요. '하나를 보면 열을 안다'라는 속담이 비슷한 이야기라고 할 수 있겠군요. '첫눈에 반했다'라는 말도 마찬가지입니다. 신체적인 매력 때문에 그 사람의 모든 것을 긍정적으로 평가하게 된 것입니다. 이를 눈에 콩깍지가 씌었다고도 하지요.

그런데 만약 콩깍지가 벗겨진다면 어떻게 될까요? 갑자기 후광 효과가 사라질 수도 있답니다.

이런 현상은 인간관계에서 많이 나타나고 있습니다. 사람들은 이왕이면 매력적인 사람과 어울리기를 원하고, 그런 사람과 결혼하고 싶어 하지요. 아마 그 사람 때문에 자기도 매력적인 사람이 된다고 생각하는 것 같습니다. 여기서 말하는 매력은 꼭 외모라고만 할 수는 없습니다. 잘생기거나 예쁘지 않더라도 얼마든지 그 사람의 성격과 분위기에서 매력이 드러날 수 있어요. 그러니 너무 외모에 집착하지 않았으면 좋겠습니다.

🔓 알면 알수록 재미있는 심리 법칙

사람이 아닌, 상품에 대한 후광효과도 있답니다. 사람들은 유명 브랜드라는 이유만으로 그 상품의 품질까지 좋게 평가하는 경향이 있지요.

3장

세상을
이해하는
심리학

01 깨진 유리창 이론

유리창이 깨진 자동차를 골목길에 세워 두면 어떻게 될까요?
사람들은 멀쩡한 자동차의 유리창에는 함부로 돌을 던지지
않습니다. 그랬다가는 경찰서에 끌려갈 수도 있으니 당연한 이
야기지요. 하지만 유리창이 깨진 자동차라면 이야기는 달라집
니다. 미국의 범죄학자 조지 켈링과 정치학자 제임스 윌슨이
처음으로 이런 현상을 '깨진 유리창 이론'이라고 명명했습니다.

1969년에 스탠포드 대학교의 필립 짐바르도 교수가 유리창
이 깨지고 차 번호판도 떨어진 자동차를 거리에 방치해 두는
실험을 했습니다. 그리고 반응을 관찰하자, 사람들은 자동차

의 부품을 뜯어가기 시작했습니다. 배터리가 사라지더니 타이어가 없어졌고, 핸들도 행방불명이 됐지요. 더 이상 가져갈 것이 없게 되자, 사람들은 자동차를 심하게 부수기까지 했다고 합니다.

깨진 유리창 하나를 방치했을 뿐인데 사람들의 범죄는 멈추지 않고 계속되었습니다. 게다가 점점 난폭해지고 대담해졌지요. 깨진 유리창의 모습이 사람들에게 법과 질서가 제대로 지켜지지 않고 있다는 메시지를 준 것입니다. 그래서 점점 큰 범죄로 이어졌던 것이 아닐까요? 일상생활에서 작은 죄를 저질렀을 때 제대로 처벌하지 않으면 결국 큰 범죄가 발생할 수도 있다는 사실을 배울 수 있습니다.

깨진 유리창 이론을 반대로 이용한 경우도 있습니다. 1994년 뉴욕 시장으로 부임한 줄리아니는 깨진 유리창 이론을 뉴욕 지하철에 적용했습니다. 당시 뉴욕 지하철은 범죄의 온상이었지요. 지하철에는 온갖 낙서가 있었고, 곳곳에서 수많은 범죄들이 발생했습니다. 이에 뉴욕 시장은 범죄와의 전쟁을 선포했습니다. 그런데 그 후에 한 일은 달랑 지하철의 낙서를 지우는 것이었어요. 낙서 제거에만 수년이 걸렸지요. 그런데 놀랍게도 범죄가 줄어들기 시작했습니다. 1년 후에는 30~40퍼센트가 줄어들더니 2년 후에는 50퍼센트, 3년 후에는 무려 80퍼센트나 줄었다고 해요.

02 꾸바드 증후군

꾸바드라는 말은 불어의 'Couver'에서 온 말입니다. '알을 품다, 부화하다'의 뜻을 가지고 있지요.

요즘은 우리 나라의 출산율이 많이 저조한 것이 사실입니다. 하지만 예비 아빠들의 관심과 기대만큼은 결코 뒤지지 않습니다. 오히려 별나다는 표현이 맞을 것 같아요. 관심이 너무 지나치다 보니 어떤 남편들은 아내와 함께 입덧을 하거나 출산의 고통을 함께 겪기도 합니다. 아내가 진통을 시작하자 남편도 실제로 비슷한 진통을 느꼈다는 연구 결과도 있습니다.

이처럼 아내의 임신과 출산 중에 나타나는 남편의 여러 가지 심리적, 신체적 증상들을 꾸바드 증후군Couvade Syndrome이라고 합니다. 영국의 정신분석학자인 트리도우언이 처음으로 이렇게 불렀지요.

꾸바드 증후군은 임신 3개월 경에 가장 심한 증세를 보이고 점점 약해지다가 임신 말기에 다시 심해진다고 합니다. 또한 이 증상은 신체적인 증상에만 그치지 않습니다. **우울증과 긴장이 고조되고 신경과민 등 심리적 증상으로도 나타난다고 하니 웃기는 일이지만 웃을 수도 없는 재미있는 현상입니다.**

이런 꾸바드 증후군은 아내가 겪는 출산의 고통을 함께하려는 남편의 사랑의 표현이 아닐까요?

우리나라에도 꾸바드 증후군과 비슷한 옛 풍습이 있습니다. 평안도 박천이라는 지방에서는 아내가 산통을 시작하면 남편이 특이한 행동을 했다고 해요. 지붕 위에 올라가서 때로는 비명까지 지르면서 출산의 고동을 아내와 함께하는 것입니다. 그리고 아이가 태어나면 지붕에서 굴러떨어지는 위험한 퍼포먼스(?)도 했다고 합니다. 이 풍습을 '지붕지랄'이라고 하지요.

남아메리카 원주민들에게도 독특한 풍습이 있었습니다. 아내의 임신 기간에 남편이 해서는 안 되는 금기들이 존재했어요. 예를 들면 남편은 절대 무기를 손에 잡으면 안 되고, 회식이나 패싸움 같은 것을 하면 안 되는 식의 금기였습니다.

꾸바드 증후군은 주로 모계 사회 또는 처가살이를 하는 사람들에게 많이 나타나고 있습니다. 남편이 육아에 신경을 거의 쓰지 않는 가부장적 사회에서는 찾아보기 힘들다고 알려져 있지요. 꾸바드 증후군은 남편이 아내의 뱃속에 있는 아이의 아버지임을 인정받고자 하는 욕구와, 아내가 양육권을 독점하는 것을 막기 위해 나타나는 행동이 아닐까 추측하고 있답니다.

03 디드로 효과

디드로 효과는 디자인을 통일하고 싶어 하는 인간의 심리를 말합니다. 이 개념은 18세기 프랑스의 철학자 데니스 디드로가 지은 《나의 오래된 가운을 버림으로 인한 후회》라는 책 이야기에서 유래되었습니다. 그는 친구에게 아주 세련된 빨간 가운을 선물로 받았습니다. 그리고 그것을 자신의 서재에 걸어 놓았습니다. 그런데 갑자기 서재의 가구들이 너무 초라해 보이는 것이었어요. 가구들이 가운과 전혀 어울리지 않는다고 생각한 디드로는 의자, 책상 등을 바꾸기 시작했습니다. 가운과 어울릴 만한 것들로 새로 구입했고, 결국 서재의 모든 가구가 새 것으로 교체되었지요. 이 과정에서 디드로는 많은 돈을 써버리고 말았습니다. 돈을 낭비했다고 생각한 디드로는 매우 우울해 했어요.

물건 하나를 사면, 그것과 어울리는 다른 물건도 함께 사고 싶다는 생각이 자연스럽게 떠오릅니다. 예를 들어 스마트폰을

샀다면 그에 어울리는 다른 제품들이 떠오르겠지요. 각종 케이스, 강화 유리 필름, 무선 이어폰 등… 그래서 대부분은 함께 구입하게 되는 경우가 많습니다. 이것도 일종의 디드로 효과라고 할 수 있습니다. 제품들이 마치 보이지 않는 끈이라도 연결되어 있는 것처럼 느껴져서, 결국 살 수밖에 없는 것이지요. 이 디드로 효과는 현재 마케팅 전략으로 많이 사용되고 있습니다.

알면 알수록 재미있는 심리 법칙

애플은 이런 디드로 효과를 잘 활용하고 있는 대표적인 기업입니다. 아이폰, 아이패드, 맥북 등은 디자인이 무척 비슷하지요. 많은 사람들은 자신이 가진 물건의 디자인을 통일하고 싶어 합니다. 그래서 계속해서 같은 회사의 제품을 구매하게 되는 것이랍니다.

04 레밍 효과

아무 생각없이 절벽에서 뛰어내려 집단 자살을 하는 동물이 있습니다. 너무 바보 같고, 믿겨지지 않는다고요? 이처럼 이해할 수 없는 행동의 주인공은 바로 '레밍'이라는 동물입니다. 나그네쥐라고도 불립니다. 레밍 효과는 맹목적으로 남을 따라하는 레밍의 습성에서 따온 말입니다.

"너희는 왜 절벽에서 뛰어내리는 거니?"

"왜냐고? 우리는 레밍이거든. 그건 당연히 해야 하는 거야."

"그렇게 뛰어내리면 어떻게 되는 거야?"

"아마 좋은 일이 생길 거야."

"어떤 좋은 일인데?"

"그건 나도 잘 몰라. 어쨌든 좋은 일이야."

"그걸 어떻게 아니?"

"아무도 다시 돌아오지 않잖아?"

레밍을 소재로 한 우화 소설《레밍 딜레마》에 나오는 내용의 일부입니다. 소설 속 레밍들은 왜 뛰어내리는지도 모른 채 맹목적으로 절벽을 향해 달립니다. 그런데 에미라는 주인공 레밍이 그 행동에 의문을 품게 되지요.

레밍은 쥐과의 포유류입니다. 북유럽과 북아메리카에서 주로 서식하고, 주기적으로 집단 이동을 하는 동물이지요. 그야말로 '대이동'이지만 왜 이동을 하는지는 아무도 모릅니다. 평지를 달리다가 절벽을 만난 대장 레밍이 절벽으로 뛰어내리면,

따라오던 다른 레밍들도 무조건 뛰어내립니다. 그럼 결국 어떻게 될까요? 모두가 절벽 아래로 떨어져서 집단으로 목숨을 잃게 됩니다.

그런데, 레밍과 비슷한 일들이 우리 인간 사회에서도 일어나고 있다는 것이 문제입니다. 많은 사람들이 '친구따라 강남 간다'는 말처럼 그저 유행을 따라, 남들을 따라 살고 있습니다. 그래서 어떤 철학자는 이런 말까지 했습니다.

생각하지 않으면 생각당한다.
스스로에게 명령하지 않으면 다른 사람에게 명령당한다.

스스로 생각하는 힘을 키워서, 생각을 당하거나 명령을 당하지 않는 합리적이고 이성적인 사람이 되기를 바랍니다.

05 루시퍼 효과

이번에는 '루시퍼 효과'와 관련해 조금 무서운 이야기를 해볼까 합니다. 루시퍼는 성경에 나오는 악마 또는 사탄이라고도 하는 악한 존재입니다. 루시퍼는 원래 가장 아름다운 하늘의 천사였는데, 타락하는 바람에 쫓겨나서 악마의 왕이 되고 말았습니다. 영적인 존재이기 때문에 무척 힘이 세지요. 거부하기 힘든 유혹으로 사람들을 악의 구렁텅이로 몰아넣기도 합니다.

1971년 심리학자 필립 짐바르도 교수는 한 가지 독특한 실험을 했습니다. 스탠포드 대학교 안에 감옥을 만들어서 감옥 실험을 한 것입니다. 이 실험에는 스물네 명의 남자 대학생이 참가했는데 반은 죄수, 반은 교도관으로 역할을 나누었습니다. 그리고 실제와 같은 상황을 연출하기 위해 지원자들을 그들의 집에서 체포하는 것부터 시작했지요. 이들은 단순히 역할만 나눈 것이 아니라, 역할에 맞는 유니폼도 입었습니다. 교도관은 특유의 제복을 입었고, 경찰봉과 호루라기를 들었으며, 선글라스를 썼습니다. 교도관들은 죄수들이 감옥 안에서 지켜야 할 규칙을 정했고, 그 규칙으로 죄수들을 관리했지요. 한편, 죄수들은 진짜 감옥에 있다는 느낌이 들도록 죄수복을 입혔습니다. 게다가 그들의 발은 족쇄로 단단히 묶어 놓기까지 했습니다.

이후 어떤 일이 벌어졌을까요?

하루도 지나지 않았는데, 교도관 역할의 참가자들은 점점 권위적으로 변했습니다. 누가 시키지도 않았는데 악랄하게 죄수를 다루었지요. 그냥 흉내만 낸 것이 아니었어요. 시간이 갈수록 그들의 횡포는 심해졌다고 합니다. 더 이상 실험을 진행할 수 없을 정도로 상황이 심각해지는 바람에, 실험은 시작한 지

불과 6일 만에 끝이 나고 말았습니다.

그렇다면 교도관 역할을 맡았던 사람들은 원래 그렇게 포악한 사람들이었을까요? 전혀 그렇지 않았습니다. 그들은 범죄 경력이 없는 사람들이었고, 훌륭한 교육을 받고 자란 꽤 괜찮은 대학생들이었지요. 그런데 어떻게 그런 악랄한 모습을 보였던 걸까요? 짐바르도 교수는 이 실험을 통해 이런 결론을 내렸습니다.

어떤 나쁜 상황과 악한 역할이 주어지면 사람은 누구나 악하게 변할 수 있다.

이것이 바로 '루시퍼 효과'입니다.

06 립스틱 효과

사람들은 먹고살기 어려운 것을 두고 '경기가 나쁘다'라고 말합니다. 경기가 안 좋을 때에는 당연히 물건들이 잘 팔리지 않겠지요. **하지만 적은 돈으로 품위를 유지하고 소비 욕구를 만족할 수 있는 물건들은 오히려 잘 팔리는 현상이 생겨납니다.** 비싼 물건 대신 저렴한 립스틱만으로 만족을 느끼며 알뜰한 쇼핑을 한다고 하여 이를 '립스틱 효과'라고 부릅니다. '경기가 좋지 않으면 여자들이 빨간색 립스틱을 선호한다'라는 이야기가 있습니다. 빨간색 립스틱 하나만으로도 만족스런 화장을 할 수 있기 때문이지요. 립스틱의 판매량을 통해 경기가 어떤지를 알 수도 있답니다.

요즘 동네 곳곳에 카페가 아주 많습니다. 어떻게 저 많은 카페가 유지될 수 있을까 걱정이 될 정도입니다. 물론 커피를 좋아하는 사람들이 많아진 탓도 있겠지만, 이 또한 립스틱효과가 아닐까요? 어쨌든 예쁜 카페에 앉아서 맛있는 커피 한 잔을 마시고 있으면 기분이 아주 좋아지는 것은 확실하니 말입니다.

경기가 좋지 않아서 끼니는 라면으로 때워도 커피는 스타벅스 커피를 마시는 경우도 적지 않습니다. 이것도 일종의 작은

사치를 하면서 만족을 느끼는 것이지요. 또한 돈이 없어서 굶는 일이 있어도 스마트폰은 최고 브랜드의 최신 기종을 사용하려는 것도 마찬가지라고 생각합니다.

하지만 이런 심리가 나쁘다고 생각하지는 않습니다. 과하지 않은 선에서 만족스러운 소비 생활을 하는 것은 어떤 면에서는 지혜로운 것일 수도 있지요.

07 마녀사냥

'마녀사냥'은 인류 역사상 가장 야만적인 일 중의 하나로, 과거 유럽에서 있었던 일입니다. 마녀라고 해서 꼭 여자만 해당되는 건 아니었습니다. 남자가 마녀로 지목받는 일도 있었답니다. **마녀사냥이 한창 유행한 것은 16세기에서 17세기로 넘어가는 시점이었습니다. 흑사병과 전쟁, 기후 변화에 따른 흉작 등으로 인해 사회적으로 큰 위기를 맞았던 때였지요.** 사람들은 이런 저주에 가까운 일들에 대해서 누군가 책임을 져야 한다고 생각을 했습니다. 한마디로 희생양이 필요했던 거예요. 그리고 그 표적이 되었던 게 바로 마녀였습니다. 모든 일이 다 마녀의 짓이라고 생각했던 것입니다.

하지만 누가 마녀인지는 알 수가 없었습니다. 그저 의심스러운 대상이 있을 뿐이었지요. 그러다가 누군가 의심을 확신으로 바꾸며 몰아붙일 때가 있습니다. 이렇게 한 사람을 마녀로 몰아가면 걷잡을 수 없었다고 합니다. 본격적인 마녀사냥이 시작되는 것입니다. 사람들이 "저기 마녀가 있다!"라고 소리치면 모두가 달려들어 그 사람을 고소했습니다. 그리고 마녀로 몰린 사람은 곧 투옥되었지요.

이렇게 투옥된 사람은 성의 탑이나 지하실로 끌려갔습니다. 그곳에서는 잡아온 마녀의 옷을 벗겨서 몸에 마녀의 흔적이 있는지 검사도 했습니다. 이어서 재판을 진행하는데, 이때 자백하지 않으면 끔찍한 고문 기구를 사용하기까지 했다고 해요. 하지만 마녀가 아니라면 어떻게 자백을 할 수 있었을까요? 만약 이런 고문을 세 번이나 했는데도 자백하지 않으면 그제서야 무죄로 인정해 주었다고 합니다. 이 과정에서 정말 많은 사람들이 죽었지요.

마녀가 살지 않는 오늘날에도 마녀사냥이라는 말은 심심치 않게 사용되는 것 같습니다. '답정너'라는 말이 떠오르는군요. "답은 정해져 있어, 너는 대답만 하면 돼!" 확실한 근거와 이유도 없으면서 무조건 답을 정해 놓고 몰아가는 방식이지요. 이런 식의 일들을 마녀사냥이라고 할 수 있습니다.

마녀 식별법

옛날 유럽 사람들은 마녀가 하늘을 날 수 있을 정도로 가벼울 것이라고 생각했습니다. 그래서 저울로 몸무게를 잰 다음, 정상 체중보다 많이 가벼우면 마녀로 판정하기도 했답니다. 그러니 당시에는 함부로 다이어트를 할 수 없었겠지요?

또한 마녀는 고통도 느끼지 않고, 피도 나지 않을 거라 생각했기 때문에 바늘이나 칼로 찌르기도 했습니다. 존 킨케이드라는 마녀 사냥꾼은 찌르면 날이 쑥 들어가는 장난감 같은 칼을 만들었다고 해요. 그래서 누구든 마녀로 만들 수 있었지요.

08 머피의 법칙

머피의 법칙은 DJ DOC라는 그룹이 '머피의 법칙'이라는 노래를 불러서 유명해진 심리학 용어입니다. 한마디로 말하면 일이 풀리지 않고 갈수록 꼬여서 되는 일이 하나도 없는 상황을 나타내는 경험 법칙이라고 할 수 있지요.

1949년 어느 날, 미국 공군 장교였던 머피 대위는 중요한 실험을 하고 있었습니다. 하지만 계속 실패만 하고 있었지요. 그러다가 중요한 사실을 깨닫게 되었습니다. 실패는 아주 사소한 부분에서 발생한다는 것입니다. 잘해 보려고 최선을 다하지만 원치 않게 나쁜 결과가 나타난다는 거예요. 서두르고 긴장하다 보면 실수를 할 확률도 올라가기 마련입니다.

　일이 잘 안 풀리고 갈수록 꼬이는 것처럼 느껴질 때가 있나요? 예를 들어 매일 작은 우산을 가방에 넣고 다녔는데, 오늘따라 왠지 우산이 귀찮게 느껴져서 놓고 나왔다고 합시다. 그런데 하필 그날따라 비가 올 수 있어요. 또, 세차만 하면 그날 비가 오고, 급한 메일을 보내려고 하는 순간 하필이면 인터넷이 끊어질 수도 있습니다. 큰맘 먹고 쇼핑몰에 갔는데 마침 그날이 휴무일인 경우도 있겠네요. 머피의 법칙이 나타난 일상 속 예들은 아주 많답니다.

- 지각한 날 간발의 차이로 버스를 놓쳤는데, 평소 잘만 오던 버스가 아무리 기다려도 오지를 않습니다.

- 펜이 있으면 메모지가 없고, 메모지가 있으면 펜이 없어요. 그리고 펜과 메모지가 다 있는 날에는 메모할 일이 없지요.

- 마트에서 계산하려고 줄을 서면 내가 서 있는 줄이 항상 계산 속도가 느리다고 느끼는 경우가 있습니다.

이렇게 좋지 않은 일이 꼭 정해진 법칙처럼 나를 따라다니는 현상을 머피의 법칙이라고 한답니다.

09 모글리 현상

1996년 아프리카 나이지리아의 숲속에서 네 살짜리 아이가 발견되었습니다. 조사해 보니 생후 6개월만에 버려진 것으로 밝혀졌지요. 그런데 이 아이는 어떻게 생존할 수 있었을까요? 놀랍게도 2년 반 동안이나 침팬지가 아이를 키웠던 겁니다. 어쨌든 늦게라도 구조되었으니 참 다행인 일이지요. 아이는 드디어 좋은 환경에서 인간다운 모습으로 살 수 있게 되었습니다.

하지만 불행하게도 아이는 인간의 말을 배울 수 없었다고 합니다. 아무리 가르쳐도 학습이 되지 않았던 거예요. 다른 사람들과 잘 어울리지도 못했습니다.

이 외에도 야생에서 동물에 의해 길러진 아이들이 더러 있었지만, 이 아이들도 대부분 발견된 후 치료 과정을 거치면서 병에 걸리거나 스트레스 때문에 죽고 말았습니다. **치료에 성공해도 다섯 살 이상의 지능은 가질 수가 없었고, 겨우 서너 마디 정도의 말만 할 수 있었지요.** 심지어 이런 아이들조차도 20대를 넘기지 못하고 사망했다고 합니다. 결국 이렇게 결론을 내릴 수밖에 없었습니다.

> 사람은 인간 사회와 격리되어 성장하면 이후의 사회화 교육은 쉽지 않다. 아니, 불가능하다!

이 현상을 모글리 현상이라고 합니다. 여러분이 잘 알고 있는 소설 정글북에 나오는 주인공 모글리의 이름에서 따온 것이지요. 이러한 이야기들을 들으면 어린 시절에 여러분이 부모님과 사회의 따뜻한 돌봄 속에서 성장한 것은 정말 큰 행복입니다. 그렇지 않았다면 인격을 형성할 수도 없었을 테고, 문명화된 교육을 받지 못해서 짐승과 다를 바 없는 사람이 될 수도 있었을 테니까요.

설리번 선생님을 만나기 전 헬렌 켈러의 모습은 마치 짐승 같았다고 해요. 아무 때나 소리 지르고, 물건을 집어 던지는 등 감정대로 본성대로 살았지요. 하지만 인간으로서의 삶을 배우는 교육이 시작되자 달라지기 시작했습니다. 쉽지 않았지만 설리번 선생님은 헬렌과 싸우듯 격렬하게 가르쳤습니다. 짐승 같은 본성을 내려놓고 사람처럼 생각이라는 것을 하기까지는 많은 시간이 걸렸지요. 하지만 이 과정이 있었기 때문에 헬렌은 사람답게 성장할 수 있었습니다. 물론 그래도 헬렌 켈러는 인간 사회와 격리되었던 것은 아니기 때문에 교육이 가능했겠지요?

10 반사회적 성격 장애

반사회적 성격 장애는 사회에 대해 적개심을 느끼는 것입니다. 자신이 처한 환경이 불우하고 불만족스럽고 불안하기 때문에 자신의 모든 문제 상황을 사회의 탓으로 돌리는 것이지요. 절망적인 이야기지만, 전문가들에 따르면 이러한 반사회적 성격 장애는 치료가 거의 불가능하다고 합니다. 꾸준한 돌봄과 관리를 통해 더 이상 불행한 일이 일어나지 않도록 하는 것이 최선인 셈이지요.

사실 저에게도 나름대로 불우한 어린 시절이 있었습니다. 부모님의 돌봄을 못 받은 것은 아니었지만, 가족 간의 잦은 다툼은 큰 스트레스가 되었지요. 부모님의 다툼 때문에 새벽에도 잠을 편안하게 잘 수 없었던 때가 있었는데, 그때는 학교를 가지 않거나 공부도 아예 그만두는 등의 방법으로 부모님에게 반항하고 싶었습니다. 하지만 다행히 저에게는 작은아버지라는 천사 같은 분이 계셨답니다. 저는 작은아버지의 도움으로 마음을 추스를 수 있었고, 새롭게 마음을 다잡을 수 있었습니다. 이를 계기로 오히려 더 열심히 공부하게 되었지요.

누군가의 말이 기억납니다. "어떤 사람이 아무리 불행한 상황에 처해 있다고 하더라도, 그를 무조건적으로 이해하고 관심을 가져 주는 단 한 사람만 있다면 그는 결코 문제아가 될 수 없다." 이 말은 누구

에게든 해당이 된다고 생각합니다. 반사회적 성격 장애를 가진 사람이든, 그 이상의 어려운 문제를 가진 사람이든 말입니다.

저는 이런 경험 때문에 교사가 되려 했는지도 모릅니다. 상담심리를 전공하게 된 것도 그런 이유 때문일 것입니다. 아이들과 상담을 하면서, 너무나 어려운 환경에서 생활하고 있는 아이들이 많다는 것을 알게 되었습니다. 그리고 이렇게 결심했지요. "어둡고 절망적인 불행의 늪에 빠진 아이들로 하여금 꿈을 찾을 수 있게 해 보자. 꿈을 꾸며 열심히 살도록 도와 보자" 라고요.

11 방관자 효과

혹시 심폐 소생술의 매뉴얼을 알고 있나요? 그중 119에 신고하는 장면에 대해 질문하겠습니다. 위급 상황에서 신고를 부탁할 때 "아무나 빨리 119에 신고 좀 해 주세요!"라고 하면 될까요? 정답은 '아니오'입니다. 그 이유는 바로 '방관자 효과' 때문이지요. '구경꾼 효과'라고도 합니다.

주변에 사람이 많으면 개인이 느끼는 책임감이 적어진다고하지요. 그래서 매뉴얼에는 이런 식으로 예시가 써 있습니다. "(손으로 가리키며) 파란 티셔츠 입으신 분, 빨리 119에 신고해

주세요." 이렇게 특정한 사람을 지목해야 책임감 있게 협조를
한다는 것입니다.

**방관자 효과는 '내가 아니어도 누군가가 도와줄 거라는 생각' 때
문에 일어난다고 할 수 있습니다.** EBS 〈다큐 프라임〉에서는 다
음과 같은 실험을 했습니다. 한 대학생이 책을 들고 가다가 일
부러 떨어뜨리고 사람들의 반응을 살피는 것이지요. 이때, 곁
을 지나가는 사람들의 숫자에 따라 결과는 너무나 달랐습니다.
지나가는 사람이 한 명일 때 도와주는 비율은 82퍼센트, 두 명
일 때에는 38퍼센트, 세 명에서 다섯 명일 때는 15퍼센트, 그리
고 여섯 명 이상일 때에는 무려 0퍼센트였습니다.

그리고 한 번 더 실험을 진행했습니다. 달라진 점은 누군가

를 지목해서 도움을 부탁하는 말을 건넸다는 것입니다. "좀 도와주시겠어요?"라고 말을 걸었더니, 결과는 어땠을까요? 100퍼센트의 확률로 도움을 받을 수 있었다고 합니다. 참 신기한 현상이지요?

사람들이 방관자가 되는 것은 무심해서가 아닙니다. 여럿이 있으면 '나 대신 누군가가 하겠지'라고 생각하기 때문입니다. 일종의 책임 전가라고 할 수 있지요. 하지만 상황을 피한다고 해서 책임까지 피할 수 있을까요? 도움이 절실한 사람에게 방관은 큰 상처가 될 수 있습니다. 목숨을 잃을 수도 있는 일이기 때문이지요.

그렇다면 위급한 상황이 생겨서 타인의 도움이 절실하게 필요할 때는 어떻게 해야 할까요? 책임 전가가 발생하지 않도록 하면 됩니다. 누군가를 분명하게 지목해서 부탁하는 것입니다. 이렇게 말이지요.

"빨간색 가방을 메고, 안경 쓰신 분! 저 좀 도와주세요."

12 밴드 왜건 효과

밴드 왜건Band wagon이라는 말이 조금 생소하지요? 서커스나 퍼레이드를 할 때, 맨 앞에서 요란하게 연주하면서 사람들을 끌어모으는 마차가 밴드 왜건입니다. 일단 이렇게 몰려든 사람들은 밴드 왜건을 우르르 쫓아가게 되는데, 이와 같은 사람들의 모습에서 유래된 것이 바로 밴드 왜건 효과랍니다. 음악을 연주하는 악대의 역할이 크기 때문에 악대 효과라고도 부릅니다.

많은 사람들이 대중적인 유행을 민감하게 받아들입니다. 이는 사람들 속에서 소외되지 않으려는 심리 때문입니다. 사람들은 소외되는 것을 두려워하는 경향이 있지요. 그래서인지 과도하게 유행을 따르는 사람들 중에는 주관이 뚜렷하지 않은 경우가 많다고 합니다.

밴드 왜건 효과는 선거를 앞두고 실시하는 여론 조사에서도 나타납니다. 여론 조사에서 많은 사람의 지지를 받는 후보가 있겠지요. 그러면 사람들은 그를 대세라고 느끼게 됩니다. 결국 당선될 만한 사람을 지지하는 것이 낫겠다고 판단하게 되고, 그 후보 쪽으로 사람들의 표가 몰리는 현상이 나타나는 것입니다.

또 다른 밴드 왜건 효과들을 이야기해 볼까요? 홈쇼핑에는

'매진 임박', '마지막 세일'이라는 말이 자주 등장합니다. 하지만 이것이 사실인지는 알 길이 없지요. 이러한 문구들은 '많은 사람들이 이미 물건을 샀으니 너도 빨리 사야 한다. 안 그러면 후회할 거다'라는 메시지를 던지고 있습니다. 그런데 신기한 사실은 이렇게 하면 실제로 사람들의 물건 구매가 늘어난다는 것입니다.

한때 '허니버터칩'이 큰 인기를 끌었습니다. 혹시 나만 못 먹은 게 아닐까 하는 불안하고 궁금한 마음 때문에 서로 앞다퉈 사 먹으려 했지요. 그렇다 보니 '허니'라는 이름을 달고 나오는 제품들이 계속 줄지어 나타났고, 많은 사랑을 받았습니다. 이러한 밴드 왜건 효과는 앞서 말한 것처럼 유행에 뒤떨어지거나, 소외되지 않으려는 마음 때문에 나타나는 것입니다. 또한 다수를 따르는 것이 자신에게 도움이 될 것이라는 막연한 믿음 때문이기도 합니다.

 알면 알수록 재미있는 심리 법칙

밴드 왜건 효과의 반대 개념, 스놉 효과(Snob effect)
어떤 상품에 대한 사람들의 소비가 늘어나면 대개 그것을 사고자 하는 사람들이 더 늘어나기 마련입니다. 그런데 오히려 구매를 원하는 사람들이 줄어드는 현상이 나타나기도 하는데 이것을 스놉 효과라고 합니다.

스놉이라는 말은 잘난 체한다는 뜻으로, 속물이라는 의미가 있지요. 다른 말로는 백로 효과라고도 합니다. 까마귀 떼 속에서 홀로 떨어져서 잘난 척하는 듯한 백로의 모습과 비슷하기 때문이랍니다.

13 베르테르 효과

사실 이 이야기는 소개하지 않으려고 했습니다. 왜냐고요? 혹시나 여러분에게 부정적인 영향을 끼치지는 않을까 걱정되었기 때문이지요. 하지만 피하는 것이 상책은 아닌 듯합니다. 지피지기면 백전백승이라는 말도 있지요. 제대로 알고 적극적으로 대처하는 것이 좋겠다는 생각으로 소개하는 것이니 참고해 주기를 바랍니다.

독일의 유명한 소설가라고 하면 누가 떠오르나요? 당연히 괴테가 떠오르겠지요. 그가 쓴 책 중에 《젊은 베르테르의 슬픔》이라는 소설이 있습니다. 소설의 내용은 상당히 우울하답니다.

베르테르는 소설의 주인공이며, 그의 직업은 변호사입니다. 그는 변호인으로서 일을 하다가 로테라는 여인을 사랑하게 되었습니다. 하지만 그녀에게는 이미 약혼자가 있었기에, 이루어질 수 없는 짝사랑이었지요. 베르테르는 결국 마을을 떠났지만, 사랑하는 여인을 잊을 수가 없어서 다시 돌아오게 되었습니다. 하지만 사랑하는 사람을 그저 바라보고만 있어야 했답니다. 이런 그의 마음이 어땠을까요? 결국 로테와의 사랑을 이루지 못한 채 베르테르는 권총 자살로 삶을 마감합니다.

이 소설은 당시 유럽 젊은이들 사이에서 큰 공감을 얻었습니다. 베스트셀러에 오른 것은 물론이고, 주인공인 베르테르를 따라하는 유행까지 생길 정도로 열풍적이었습니다. 심지어 베르테르처럼 자살하는 젊은이들도 급증했다고 해요. 따라할 게 따로 있지, 어떻게 죽는 것을 따라할 수 있을까요? 그것도 소설 속 이야기를 말입니다. 그런데 이런 현상은 우리 삶에도 종종 나타날 때가 있습니다. 어떤 유명인이 죽으면 그의 죽음을 따라하는 일이 생기는 것이지요. 이것이 바로 '베르테르 효과'입니다.

저는 반대의 이야기를 만들 수도 있다고 생각합니다. 젊은 베르테르의 슬픔이 아니라 젊은 베르테르의 '기쁨'이면 어떨까요? 이 소설을 통해 죽으려 했던 사람들이 마음을 다잡고 열심히 사는 일들이 곳곳에서 나타나는 것이지요. 정말 멋지지 않

나요? 그런 의미에서 해피 엔딩으로 끝날 소설을 쓴다는 마음
으로 여러분의 젊은 시절을 기쁘게 보내기 바랍니다.

14 샐리의 법칙

자기에게 유리한 일만 계속 일어날 때가 있어요. 의도한 것
도 아니고 누구랑 짠 것도 아닌데 말입니다. 마치 마법이라도
걸린 것처럼 그런 일들이 일어나는 거예요. 이것을 샐리의 법
칙이라고 합니다. 내가 원하고 바라는 대로 되는 것이니 얼마
나 신나는 일인가요? 샐리의 법칙과 정반대의 개념이 바로 앞
서 이야기한 머피의 법칙입니다.

〈해리가 샐리를 만났을 때〉라는 영화에서 맥 라이언이 맡았
던 역할이 바로 '샐리'였어요. 아무리 뒤집어지고, 엎어져도 결
국 해피 엔딩이 되는 샐리의 모습에서 나온 말이 샐리의 법칙
입니다. 이렇게 계속 좋은 일들이 일어나는 것을 어떻게 설명
해야 하는 걸까요? 그럼 샐리의 법칙을 예를 들어 설명해 보도
록 하겠습니다.

- 차가 막혀서 결국 약속 시간에 늦고 말았습니다. 상대
  에게 무척 미안하겠지요? 그런데 다행히 상대방도 그날

따라 약속 시간에 늦어서 사과할 일이 생기지 않습니다.

- 맑고 화창한 날인데 우산을 들고 나왔어요. 그런데 갑자기 소나기가 쏟아지는 것입니다. 하지만 우연히 준비한 우산 덕에 소나기를 피할 수 있게 됩니다.

이렇게 우연히 좋은 일들이 줄줄이 나타나는 것을 샐리의 법칙이라고 한답니다.

15 앵커링 효과

앵커링 효과의 앵커anchor는 텔레비전 뉴스를 진행하는 앵커가 아니라, 배가 항구에 정박할 때 쓰이는 닻입니다. 배가 파도에 떠내려 가지 않도록 붙잡아 주는 무거운 쇳덩어리지요. 배에서 앵커를 내리면 배는 어느 정도 왔다 갔다 하겠지만 딱 그 범위 안에서만 움직인다고 해요. **이처럼 처음 제시한 기준이 앵커의 역할을 해서 최종 결정에 영향을 끼치는 것을 앵커링 효과라고 합니다.**

마트에 가면 원래 가격이 표시되어 있고 그 밑에 할인 가격을 적어 두는 경우가 많습니다. 사람들은 원래 가격을 기준으로

생각하는 심리가 있기 때문에
할인된 가격에 만족스러
워 하겠지요. 그래서 물
건을 많이 팔 수 있게
되는 것이랍니다. 앵
커링 효과를 상업적으
로 이용한 셈입니다.

요즘은 인터넷으로 물
건을 많이 구입하는 추세입
니다. 원하는 물건의 가격을 검색
하면 심지어 80~90퍼센트 할인된 가격도 찾을 수 있습니다.
소비자의 입장에서는 너무 기분 좋은 일이지요. 원래 제시된
가격을 기준으로 생각하면 거저 가져가는 것이라는 생각이 들
기 때문입니다. 물건 판매자들은 이런 앵커링 효과를 생각하면
서 가격을 정합니다.

손님이 샌드위치 가게에서 주문을 할 때, 가게 주인은 '달걀
프라이도 드릴까요?'라고 질문하는 대신 '달걀프라이는 몇 개
드릴까요?'라고 질문합니다. 왜냐하면 첫 번째 질문에는 달걀
프라이가 없어도 된다는 무언의 기준이 들어 있지만, 두 번째
질문에는 달걀프라이를 꼭 주문해야 한다는 기준이 포함되어
있기 때문이지요. 가게 주인의 입장에서는 두 번째 질문으로

묻는 것이 매출에 훨씬 도움이 되거든요. 이 역시 앵커링 효과를 상업적으로 이용한 예시입니다.

소비자의 입장으로 보면, 우리는 알게 모르게 수많은 앵커링을 당하고 있습니다. 앵커링을 당하고 싶지 않다면 어떻게 해야 할까요? 정확한 정보를 최대한 많이 알고 있으면 분별력이 생겨서 앵커링을 당하지 않을 수 있답니다.

🔓 알면 알수록 재미있는 심리 법칙

선생님들도 학생을 평가할 때 앵커링 효과에 영향을 받는다고 해요. 어떤 학생이 항상 A를 받았다면 그 학생은 언제나 잘했기 때문에 이번 평가에서도 틀림없이 잘할 것이라고 생각한답니다. 그래서 자기도 모르게 긍정적으로 평가하게 되지요.

16 언더독 효과

2015~2016년 시즌, 영국 프리미어리그에서 레스터시티가 우승을 차지했습니다. 창단 137년 만에 첫 우승의 기적을 이룬 것입니다. 결승전에서 레스터시티는 상대팀 첼시에게 볼 점유

율은 36 대 64로 밀렸고, 슛도 6 대 13으로 밀렸지만 기적적으로 승리했습니다. 이와 같은 '꼴찌의 반란'에 사람들은 열광하는데, 이를 언더독 효과라고 합니다. 언더독underdog은 'under'와 'dog'이 합쳐진 단어이지요. 투견장에서는 승리하여 상대를 밟고 있는 개를 탑독이라 하고, 짓밟히고 있는 개를 언더독이라고 합니다. 언더독이 불쌍하게 느껴지지 않나요?

많은 사람들이 자신을 약자라고 생각하는 경향이 있습니다. 그래서 자기와 비슷한 처지에 있는 약자를 응원하는 심리가 있지요. 그렇다보니 꼴찌가 우승을 하고, 약자가 승리를 하는 일들이 종종 일어납니다.

대표적인 사건이 1948년 트루먼의 미국 대통령 당선입니다. 사실 당시 트루먼은 매우 불리한 상황이었어요. 상대는 듀이라는 정치가였는데, 그의 지지율이 항상 트루먼을 압도했기 때문입니다. 사람들은 보나마나 듀이가 이길 것이라 생각했습니다. 그런데 실제 투표 결과는 놀라웠습니다. 모두의 예상을 뒤엎고 트루먼이 당선이 된 것입니다. 이 현상을 어떻게 설명할 수 있을까요? 바로 언더독 효과 때문이었습니다. 사람들은 계속 지고만 있는 트루먼을 불쌍하게 생각했고, 그에게 동정표를 던진 것이지요.

이후 사람들은 이런 언더독 효과를 상업적으로 이용하기 시작했습니다. 예를 들어 볼까요?

우리는 만년 2등(또는 꼴찌)입니다. 그래서 더 많이 노력하고 있습니다!

이런 광고를 접한 소비자들은 언더독에 대해 불쌍한 마음을 갖게 되고, 일부러 물건을 사 주는 일이 발생합니다. 광고뿐 아니라, 요즘 스스로를 언더독이라고 말하는 사람들이 많아졌다고 해요. 여러분은 자기 자신에 대해 어떻게 생각하나요? 탑독인가요, 아니면 언더독인가요?

17 에펠탑 효과(노출 효과)

1889년 3월 31일, 프랑스는 프랑스 대혁명 100주년을 기념하기 위해 파리 중심에 철탑(에펠탑)을 세우기로 했습니다. 하지만 많은 프랑스 시민들이 반대했습니다. 이유는 흉물스러운 철탑이 아름다운 파리의 경치를 망칠 거라고 생각했기 때문입니다. 하지만 시민들의 생각은 점점 달라지기 시작했습니다. **에펠탑이 만들어지는 과정을 매일 지켜보면서 그 모습에 익숙해졌던 것입니다. 심지어 완공 시점에 이르게 되자, 탑의 모습이 매우 매력적으로 다가왔다고 해요.** 이처럼 처음에는 비호감으로 느껴져도 자주 볼수록 호감으로 변하는 심리 현상을 에펠탑 효과라고 합니다. 노출 효과라고도 부르고 있습니다.

'자주 보면 정든다'라는 말이 있습니다. 왜 자주 보면 정이 드는 것일까요? 결론부터 말하자면 에펠탑 효과 때문입니다. 사람의 첫인상은 참 다양합니다. 첫인상이 좋은 사람도 있고, 그렇지 않은 사람도 있지요. 여러분의 첫인상은 어떻다고 생각하나요? 외모와 말투 등 겉모습 때문에 첫인상이 좋지 않을 수도 있지만, 실망하기에는 이릅니다. 첫인상이 좋지 않은 사람도 여러 번 만나다 보면 자기도 모르는 사이에 호감이 생기고 정이 드는 법이랍니다.

처음에는 별로였던 노래도 자꾸 듣다 보면 명곡이 되기도 하는 이유가 바로 이 에펠탑 효과 때문입니다. 많은 기업들이 상품 광고에 왜 그렇게 많은 돈을 쓰는지도 이제는 이해가 되겠지요. 자꾸 소비자들에게 노출시켜서 상품이 친근하게 느껴지도록 하는 것입니다. 그래서 결국 그것을 사도록 만드는 거예요.

18 제3의 법칙

출근 시간, 지하철역 근처 횡단보도를 생각해 보세요. 신호가 한 번 바뀔 때마다 수십 명의 사람들이 우르르 걸어갑니다. 그런데, 청신호에도 길을 건너지 않는 한 사람이 있습니다. 그는 멍하니 하늘을 바라보고 있지요. 하지만 아무도 그 사람에 대해 신경 쓰지 않습니다.

이때 또 한 사람이 멈춰 서서 같은 하늘을 바라봅니다. 하늘에 뭔가가 있는 것일까요? 하지만 바삐 걸어가는 사람들의 발길을 멈춰 세울 수는 없습니다. 바로 그때, 손가락으로 하늘을 가리키는 또 한 사람이 나타났습니다. 이제는 세 명이 된 것입니다. 그러자 놀라운 일이 벌어졌습니다. 사람들이 하늘을 보는 세 명에 대해 큰 관심을 갖기 시작한 것입니다. 금방 네 번째 사람이 나타났고, 다섯, 여섯, 일곱, 여덟… 가던 길을 멈추고 하늘을 바라보는 사람들의 수가 갑자기 수십 명으로 늘어났습니다.

이 실험은 셋이 모이면 상황을 바꿀 수 있다는 것을 보여 주고 있습니다. 인간은 대부분 환경(상황)의 지배를 받지만, 세 명이 모이면 역으로 상황을 지배할 수도 있지요. 이것이 바로 '제3의 법칙'입니다.

누군가에게 괴롭힘을 당할 때 피해자는 주변을 둘러보게 된다고 합니다. 주변 사람들이 도와주기를 간절히 바라기 때문입니다. 단 한 명이라도 관심을 가지고 도와준다면 마치 구원을 받은 느낌이겠지요. 하지만 모두가 외면한다면 어떻게 될까요? 피해자는 자기 자신은 물론이고 다른 사람들과 이 세상까지도 믿을 수 없게 될 것입니다.

제3의 법칙은 바로 이런 순간에 힘을 발휘합니다. **혼자는 힘들어도, 둘이나 셋이 함께 공감하면 괴롭힘 당하는 약자를 얼마든지 도울 수가 있습니다.** 그러므로 모두가 방관도 폭력이라는 생각을 가져야 하겠어요. 나아가 내가 속한 집단에서 일어나는 일은 모두 내 일과 같다는 생각이 모두에게 필요하다고 생각합니다. 즉, 위기의 순간에 함께 나서는 행동을 통해 피해자에

게 안도감을 주어야 합니다. '누군가 나의 문제에 관심을 가지고 있구나'라는 믿음과 확신을 심어주는 것이지요. 약자를 보호해 주는 든든한 공동체가 될 수 있도록 힘을 보태는 멋진 사람이 되기를 바랍니다.

19 칵테일 파티 효과

혹시 버스나 지하철에서 졸다가 안내 방송을 듣고서 헐레벌떡 내렸던 경험이 있지 않나요? 이런 현상에는 과학적인 비밀이 숨겨져 있다고 합니다. 그 정체는 바로 칵테일 파티 효과입니다.

'칵테일 파티' 하면 무엇이 떠오르나요? 영화 속에서 봤던 파티 장면이 생각난다고요? 좋아요, 계속 상상해 봅시다. 파티는 아주 시끄러울 거예요. 요란한 음악과 사람들의 떠드는 소리까지…. 그런데 이런 상황에서도 또렷이 들을 수 있는 소리가 있다고 합니다. 바로 자신의 관심을 끄는 소리입니다. 참 신기하지요? 혹시 우리 귀에는 일종의 필터가 있는 게 아닐까요? 하루 종일 수많은 소리를 듣지만, 필요한 정보만 골라서 집중적으로 들을 수 있으니 말입니다. 이를 칵테일 파티 효과라고 부르지요.

콜린 체리라는 과학자는 영국 런던 대학에 근무하던 중 아주 특별한 실험을 했습니다. 실험 대상자들에게 헤드폰을 주고는, 같은 목소리로 말하는 두 가지 다른 이야기를 듣게 했지요. 한 가지 이야기는 오른쪽 귀로, 다른 한 가지 이야기는 왼쪽 귀로 듣게 했습니다.

실험 결과가 어땠을까요? 사람들은 두 가지를 동시에 들어도 자신이 듣고자 하는 이야기를 구별할 수 있었습니다. 관심을 끄는 이야기는 잘 듣는 반면, 별로 관심이 없는 이야기는 집중하지 않아서 잘 기억할 수 없었다고 해요.

알면 알수록 재미있는 심리 법칙

요즘 층간 소음 문제가 많은 사람을 힘들게 하고 있습니다. 그런데 층간 소음을 조사해 보면 피해자의 말과 많이 다른 경우도 있어요. 엄청난 소음인 것처럼 고통을 호소했지만, 그 정도까지는 아닌 것이지요. 왜 이런 현상이 나타나는 것일까요? 소음이 주는 고통과 스트레스가 사람마다 다르기 때문입니다. 어떤 소리를 일단 스트레스로 인식하면 아주 작은 소리에도 반응하게 됩니다. 계속 그 소음만 들리는 것이지요. 칵테일 파티 효과가 부정적으로 나타난 경우입니다.

20 칼리굴라 효과

'드라큘라'도 아니고 '칼리굴라'라니⋯ 이름이 참 재미있지요? 칼리굴라는 로마 황제의 이름입니다. 그는 아주 무섭고 잔인한 왕이었습니다. 공포스런 그의 삶은 영화의 소재가 될 정도였어요.

1980년에 미국과 이탈리아는 영화 〈칼리굴라〉를 제작했습니다. 그런데, 얼마나 선정적이고 잔인했던 걸까요? 이 영화는 미국에서 상영 금지를 당했습니다. 하지만 사람들은 영화 감상을 포기하지 않았습니다. 수많은 사람들이 영화를 볼 수 있는 곳(일부 영화 상영이 허용된 주)까지 가서 영화를 봤다고 해요. 그것도 아주 폭발적인 관심으로 말입니다. 멀리 이동해서 영화를 보려면 시간과 비용이 아주 많이 들었을 텐데, 사람들의 호기심과 열정이 참 대단하게 느껴집니다. 한편으로는 고작 영화한 편 보려고 그렇게까지 했다는 게 이해가 안 되기도 하고요.

이처럼 금지된 것에 대해 오히려 더 큰 열망을 느끼는 현상을 '칼리굴라 효과'라고 합니다. 누군가 절대로 하지 말라고 하면 이상하게 더 하고 싶어지지 않나요?

여러분 앞에 검은 봉지가 있다고 해 봅시다. 만약 '절대 봉지를 열지 마시오!'라고 쓰여 있다면 여러분은 어떻게 할 것 같나요? 갑자기 궁금해질 테고, '왜 나한테 이래라저래라 명령하는 거야?' 하는 반발심도 생길지 모릅니다. 그러다가 참을 수 없는 호기심에 몰래 열어 볼 수도 있지요. 이것이 바로 칼리굴라 효과 때문입니다.

언젠가 《영어공부 절대로 하지 마라!》라는 책을 읽은 적이 있습니다. 처음에는 호기심이 생겼고 이어서 '아니, 왜 영어를 공부하지 말라는 거야?' 하는 의문이 들었습니다. 그래서 어떻게 되었을까요? 결국 책을 읽으며 영어를 열심히 공부하게 되었답니다. 출판사가 칼리굴라 효과를 이용해 마케팅을 했고, 저는 꼼짝없이 걸려든 셈이지요.

21 흔들다리 효과

1974년 미국 콜롬비아 대학교에서는 한 가지 재미있는 실험을 했습니다. 일명 '흔들리는 다리 실험'입니다. 실험은 총 길이가 140미터인 캐필라노 협곡의 다리에서 이루어졌습니다. 이 다리는 걸을 때 바닥에서 유난히 삐걱거리는 소리가 크게 나고 출렁거림도 심했다고 해요. 다리의 폭도 매우 좁아서 균형을 잃는다면 언제라도 다리 밑으로 추락할 수도 있는 공포스러운 상황이었습니다.

연구팀은 남성들을 두 그룹으로 나누어 각각 흔들리는 다리와 그렇지 않은 다리를 건너게 했습니다. 그리고 다리의 중간에서 실험 도우미 여성을 만나게 했지요. 실험 도우미는 남성들을 대상으로 설문조사를 하고, 궁금한 내용에 대해서는 연락을 하도록 연락처도 주었습니다. 그런데 흔들리는 다리를 건넜던 남성들이 그렇지 않은 남성들에 비해 네 배나 많이 전화를 했다고 해요.

이처럼 큰 차이가 나는 데에는 분명 이유가 있을 테지요. 두 집단의 실험 상황에서 다른 것은 단 한 가지였습니다. 다리가 흔들리느냐, 흔들리지 않느냐. 결과에 대한 여러 가지 해석 중 설득력 있는 한 가지 해석을 소개해 보겠습니다.

흔들리는 다리를 걷게 되면 누구나 긴장을 하기 마련이지요. 만약 다리가 끊어진다면 죽을 수도 있으니, 그들의 심장 박동은 점점 빨라졌을 거예요. 너무나 긴장을 해서 손에 땀도 났을 것입니다. 이런 상태에서 실험 도우미 여성을 만나게 된 것입니다. 목숨이 달린 순간에 만난 여성에 대해 호감을 느끼는 걸까요? 사실은 긴장과 불안으로 발생한 심리 현상인데, 순간적으로 뇌가 오류를 일으켜 호감을 가졌을 때의 심리 현상으로 인식한 것입니다. 일종의 착각이라고 할 수 있지요. 심리학에서는 이를 '귀인 오류'라고도 부릅니다.

　남녀가 롤러코스터 같은 놀이기구를 타거나, 스릴 넘치는 경험을 함께할 때 아드레날린이라는 호르몬이 분비된다고 해요. **아드레날린은 사랑의 감정을 느낄 때도 분비되기 때문에, 공포의 느낌을 상대에 대한 호감으로 착각하는 것이랍니다.** 사람의 심리는 참 신기하지요?

4장

성장을 위한
심리학

01 낙인 효과 & 기대낙인 효과

낙인 효과는 스티그마 효과라고도 합니다. '스티그마'는 목장에서 자신의 가축에 대한 소유권을 표시하기 위해 사용하던 일종의 불도장 같은 것입니다. 하지만 현재 낙인 효과는 주로 부정적인 의미로 쓰이고 있지요.

예를 들어, "A라는 사람은 하는 말마다 다 거짓말이야"라는 이야기를 들었다고 합시다. 그럼 이 말을 들은 사람은 A에 대해 부정적인 이미지를 갖게 되겠지요. 그래서 A가 하는 모든 말을 믿을 수 없게 되는 것입니다. **하지만 이러한 부정적 낙인을 긍정적 낙인으로 바꿔 보면 어떨까요?**

"너는 참 깔끔한 사람이야", "너는 약속을 잘 지키는 사람이야", "너는 다른 사람들에게 항상 친절을 베푸는 사람이야"와 같은 식으로 좋은 꼬리표를 달아 주는 것이지요. 이를 기대낙인 효과라고 합니다.

이런 식의 칭찬을 받으면 누구나 처음엔 당황합니다. 왜냐하면 자신이 알고 있는 자신의 모습과 다르기 때문입니다. 그래서 마음이 불편해지지요. 그리고 자연스레 이 불편함을 해소하고 싶어질 것입니다. 결국 칭찬을 받은 대로 자신의 행동을 변화시킴으로써 마음의 평화를 찾게 되는 것입니다.

사람에게는 이중적인 모습이 있습니다. 이렇게 보면 친절한데 저렇게 보면 불친절하기도 해요. 집에서는 게으르지만 밖에서 보면 너무나 부지런한 사람도 있지요. 그렇다면 굳이 자신을 부정적으로 생각할 필요가 있을까요? 사람은 하루가 다르게 성장하는 '불완전한 존재'입니다. 그러므로 얼마든지 긍정적인 변화를 기대할 수 있답니다.

 알면 알수록 재미있는 심리 법칙

'기대 문장'을 통해 긍정적인 낙인을 찍을 수 있답니다. 우선 상대의 말과 행동, 개성 등을 관찰한 다음, 적절한 기대 단어를 만들어 기대 문장을 완성합니다. 중요한 것은 상황 포착이에요. 가장 효과가 좋을 법한 때를 골라 꼬리표(기대 문장)를 상대방에게 달아 주는 것입니다. "너는 좌절하지 않고 항상 힘이 넘치는 사람이야", "너는 한번 목표를 세우면 끝까지 노력하는 사람이야", "너는 항상 남을 배려하고 기분 좋은 말을 하는 사람이야"와 같이 상대방의 장점을 칭찬하는 기대 문장을 만들어 보세요.

02 넛지 효과

넛지는 한 마디로 자연스럽게 선택을 이끌어내는 방법입니다. **강제적인 태도 대신에 부드럽게 끼어들어서 더 좋은 선택을 할 수 있도록 이끄는 방법이지요.** 원래 넛지는 '팔꿈치로 살짝 찌르다'라는 뜻을 가지고 있습니다. 우리도 평소 누가 엉뚱한 짓을 하고 있으면 팔꿈치로 그 사람의 옆구리를 쿡쿡 찌르지요. 이처럼 직접적인 잔소리를 하지는 않지만, 알아들을 수 있는 다른 방법으로 자극을 하는 것입니다. 또한 주의를 환기시킨다는 뜻도 있습니다.

예를 들어 누군가에게 건강에 안 좋은 햄버거 대신 과일을 먹이려면 어떻게 해야 할까요? 직접적으로 인스턴트 음식을 금지

시킬 수도 있겠지만, 좋은 방법은 아닙니다. 이때 넛지를 시도해 볼 수 있답니다. 과일을 눈에 잘 띄는 곳에 놓아두는 겁니다. 이는 먹는 사람으로 하여금 은근히 선택권을 가지게 합니다. 그리고 먹는 사람은 선택에 따른 긍정적인 결과를 생각하여, 스스로 좋은 선택을 하게 되지요. 이게 바로 넛지 효과입니다.

　네덜란드 암스테르담 공항의 남자 화장실은 지린내가 항상 문제였습니다. 사람들이 소변기에 정확히 조준하지 않아서, 엉뚱한 곳으로 소변이 튀는 바람에 냄새가 났던 것입니다. 그런데 소변기 중앙에 파리 그림을 그려 놓았더니 놀라운 일이 벌어졌습니다. 소변기 밖으로 튀는 소변의 양이 80퍼센트나 줄어든 것입니다. 이 또한 넛지의 효과이지요.

미국의 고속도로는 땅이 넓어서인지 대부분 시원하게 뚫려 있습니다. 그런데 텍사스주는 고속도로의 쓰레기 때문에 골치를 앓았던 적이 있습니다. 사람들이 쓰레기를 함부로 버렸기 때문이지요. 아무리 캠페인을 벌여도 소용이 없었습니다. 그런데 인기 풋볼팀을 활용해서, 그들이 맥주캔을 찌그러뜨리며 "텍사스를 더럽히지 마!"라고 하는 텔레비전 광고를 만들었습니다. 그 후 쓰레기는 무려 70퍼센트나 줄어들었다고 합니다.

팔꿈치로 쓰윽 찌르듯 자연스럽게 선택을 유도하는 넛지, 참 멋지지 않나요? 우리는 다른 누군가에게 넛지할 수도 있지만, 꼭 해야 할 일이 있을 때 우리 자신을 위해 넛지할 수도 있답니다. 자연스럽게 좋은 것을 선택할 수 있도록 스스로 넛지하는 습관을 가져 보세요.

03 동조 효과

히틀러는 2차 세계대전을 일으킨 주범입니다. 여러분도 알다시피 그는 전쟁 당시 아주 잔인한 행동을 많이 저질렀지요. 하지만 사람들이 그를 따르지 않았다면 그런 짓은 감히 할 수 없었을 것입니다. 그러나 놀랍게도 당시 많은 사람들이 그에게 동조하였습니다. 그래서 히틀러는 전쟁을 일으켰고, 대대적인 유대인 학살도 서슴지 않고 저질렀습니다. 히틀러를 따르던 이들도 처음에는 그럴 생각이 없었을지도 모르지만, 자기도 모르게 동조하게 된 것이지요.

　친구들의 생각이 나의 생각과 다르면 일시적으로 불안한 마음이 생기지 않나요? 그때 우리의 뇌는 불안감을 해소하고자 애를 쓰게 됩니다. 나와 생각이 다른 친구들이 많아질수록 내가 가진 불안은 더 커질 수밖에 없지요. 그러다가 나도 모르게 그들의 생각에 동조하게 되는 것입니다. 이를 동조 효과라고 합니다. 동조 효과는 일종의 군중 심리라고 할 수 있어요. 군중

심리 때문에 충동적으로(자기도 모르게) 나쁜 짓을 하는 경우가 많으니 조심해야겠지요?

'충동구매'라는 말도 들어 본 적이 있을 거예요. 많은 사람들이 대개 할인 기간에 충동구매를 하는 것으로 보입니다. 할인이 시작되면 너도나도 몰려들고, 다른 사람들의 말과 행동에 쉽게 영향을 받습니다. 사람에게는 타인보다 좋은 것을 더 많이 갖고 싶어 하는 일종의 경쟁 심리가 있기 때문입니다. 그래서 예를 들어 "선착순 열 명에게만 판매합니다!"라고 하면 경쟁 심리와 동조 효과가 작동하게 되는 것이지요. 세상에는 이런 심리를 이용해서 이익을 추구하는 장사꾼들이 많습니다.

다른 사람의 생각에 쉽게 휩쓸리지 않고 자신만의 생각을 유지할 수 있는 사람은 그리 많지 않아 보입니다. 비록 소수이지만 이런 사람들이야말로 참 멋있을 뿐 아니라, 유능한 리더가 될 가능성이 많다고 생각됩니다. 여러분도 옳고 그름을 명확히 판단하는 능력을 키워서, 동조 심리에 끌려다니지 않는 멋진 사람이 되면 좋겠습니다.

04 떠벌림 효과

떠벌린다는 말은 이야기를 자랑하듯 과장해서 늘어놓는다는 것입니다. 떠벌림 효과는 자신의 훌륭한 목표나 계획을 많은 사람들에게 이야기하면 그것이 실제로 이루어질 확률이 높아진다는 것입니다. 그런데 이런 일이 정말 있을 수 있는 걸까요? 믿기지 않으면 직접 실험해 보도록 하지요.

만약 여러분의 꿈이 '베스트셀러 작가'라면 그것을 플래카드로 만듭니다. '나, 아무개는 사람들에게 꿈과 희망을 주는 베스트셀러 작가가 되겠습니다'라고 쓰인 플래카드를 많은 사람들이 볼 수 있는 곳에 걸어 둡니다. 여러분이 사는 아파트도 좋고, 동네 골목이어도 좋습니다. 여러분의 꿈을 떠벌리는 것이지요. 물론 미리 허락을 받아야 하고, 상당한 용기가 필요하지만 이것은 떠벌림 효과를 제대로 경험할 수 있는 최고의 방법입니다. 너무 부담이 된다면, 수위를 조금 낮춰서 자신의 집 거실에 걸어 보세요. 그러면 최소한 가족들이 여러분의 꿈과 목표를 응원하면서 때로는 자극도 주고 부담도 줄 테지요. 여러분은 이런 응원과 부담 때문에라도 가만히 있지는 못 할 거예요. 그래서 결국 자기 자신과의 약속을 이룰 가능성이 커지는 것입니다.

여기서 중요한 사실은 사람들에게 공언을 하고 나면 자신의 말

과 행동에 대한 감시 기능이 작동한다는 것입니다. 베스트셀러 작가가 된다고 큰소리쳤는데 아무런 노력도 하지 않으면 마음에 큰 부담이 되겠지요. 그래서 그 부담감을 해소하기 위해 스스로를 채찍질하게 됩니다.

떠벌림 효과가 성공적이려면 가급적 많은 사람에게 자신의 꿈과 목표를 떠벌리는 것이 좋습니다. 최근 코로나로 인해 체중이 늘어난 사람들이 제법 많다고 들었습니다. 그렇다면 다이어트 계획을 사람들 앞에 떠벌리는 것은 어떨까요? 혼자 은밀하게 계획하고 실천하는 것보다 훨씬 더 좋은 결과를 체험할 수 있을 거예요.

알면 알수록 재미있는 심리 법칙

선거철이 되면 후보들은 여러 공약을 발표하는데, 이것도 대표적인 떠벌림입니다. 정치인들의 떠벌림 공약은 자신을 뽑아 주면 이런 것을 하겠다는 약속이라고 할 수 있지요. 여러 사람에게 떠벌릴수록 약속을 지킬 가능성이 높아지는 것은 사실입니다. 만약 그것을 지키지 않는다면 거짓말쟁이가 되기 때문입니다. 정치인들은 가능하면 괜찮은 사람으로 보이고 싶어 하기 때문에, 떠벌렸던 약속을 지키기 위해 노력하게 됩니다.

05 맥거크 효과

영국의 심리학자 해리 맥거크는 시각이 청각보다 우선순위에 있다는 것을 증명했습니다. 그는 실험 참가자들에게 시각적으로는 '나'라는 입 모양을 보여 주고, 청각적으로는 '우'라는 소리를 들려 주었다고 합니다. 이를 보고 들은 참가자들은 무엇이라고 대답했을까요? 결과는 '나'로 들렸다는 사람이 훨씬 많았습니다. '나'와 '우'는 완전히 다른 소리인데 어떻게 '우'를 '나'라고 들을 수가 있는 걸까요?

과거 KBS의 〈스펀지〉라는 프로그램에서도 맥거크와 비슷한 실험을 한 적이 있습니다. 실험 참가자에게 시각적으로는 '가'라는 입 모양을 보여 주었고, 청각적으로는 '파'라는 소리를 들려 주었지요. 그렇다면 실험 참가자는 과연 어떤 대답을 했을까요? 그는 자신있게 '타'라고 했습니다. '가'도 아니고 '파'도 아닌 소리지만, 시각 정보에 의해서 청각 정보가 달라질 수 있다는 사실을 보여 줍니다.

실험 참가자는 20년 이상의 경력을 가진 성우로, 자타공인 소리 전문가였습니다. 그는 결과를 보고 계속 고개를 갸우뚱하면서 이상하게 생각했다고 합니다. **이처럼 사람은 청각 정보보**

다는 시각 정보를 먼저 받아들이는 경향이 있습니다. 만약 시각과 청각 정보가 동시에 들어온다면 시각 정보를 우선적으로 받아들이는 것입니다. 이런 현상을 맥거크 효과라고 부릅니다.

우리는 세상의 모든 정보를 오감으로 받아들이고 있습니다. 특히 학생이라면 대부분 보고, 듣고, 쓰고, 느끼면서 공부를 하지요. 그런데 사람은 일반적으로 약 80퍼센트의 정보를 시각으로 받아들인다고 합니다. 시각이 모든 감각 중에서 가장 압도적인 역할을 하고 있는 것입니다. '백문이 불여일견'이라는 말이 괜히 있는 게 아니지요.

 알면 알수록 재미있는 심리 법칙

시각을 잃은 사람들은 어떤 감각으로 정보를 받아들이는 걸까요? 시각 장애인들은 시각 다음의 우선순위를 가진 청각에 많이 의지한다고 합니다. 청각이 예민하게 발달하기 때문에 보통 사람들보다 듣는 능력이 탁월할 수밖에 없겠지요.

06 맥스 베이저만 현상

맥스 베이저만 교수는 2010년 어느 날, 대학 강의 시간에 재미있는 실험을 진행했습니다. 입찰 실험이라고 할까요? 최고 금액을 부른 사람에게 20달러(약 2만 원)를 주는 것이었는데, 여기에는 다음 두 가지 조건이 있었습니다.

첫째, 입찰 금액은 한 번에 1달러씩만 올릴 수 있다.
둘째, 두 번째로 높은 금액을 말한 사람은 그 금액을 돌려받을 수 없다.

만약 최고 입찰금액이 18달러라고 한다면, 두 번째로 높은 금액인 17달러를 말한 사람은 그 돈을 모두 잃게 되는 것입니다. 입찰에 성공한 사람도 20달러를 가져가긴 하겠지만 18달러를 지불해야 하기 때문에 겨우 2달러(약 2천 원)를 벌게 되는 것이지요.

실제로 입찰이 시작되었습니다. 입찰 금액은 예상대로 점점 올라가서 20달러가 되었고, 잠시 정적이 흘렀습니다. 그 이상을 부른다면 이긴 사람도 손해를 보게 되기 때문이었지요. 아무도 21달러를 부르지 않을거라 생각한 그때, 놀랍게도 21달러를 부른 사람이 있었습니다. 그는 왜 손해를 보면서까지 21달러를 부른 것일까요? 가만히 있으면 19달러를 손해 보지만 21 달러를 부른다면 딱 1달러만 손해 보기 때문입니다. 하지만 이러한 심리 현상 때문에 입찰 금액은 계속 계속 올라갔지요. 결국 최종 금액이 204달러가 되어서야 입찰은 멈췄습니다. 베이저만 교수가 벌어들인 돈은 총 387달러나 되었답니다. 사람들이 이렇게 큰 손해를 보면서까지 높은 금액을 부른 이유는 무엇이었을까요?

그것은 아무것도 돌려받지 못한 채 손해 보기를 원하지 않기 때문입니다. 이런 말도 안 되는 상황을 절실하게 깨닫기까지 입찰은 계속되지요. 비록 손해를 보더라도 자신은 입찰에 성공해야 한다고 생각하는 것입니다. 무엇보다 여기서 포기하면 20달러 지폐는 다른 사람의 차지가 될 테고, 자신은 상대적으로 더 큰 손해를 보게 되는데 그 꼴을 못 보는 것이지요.

여기서 우리는 무엇을 배울 수 있을까요? **승부에만 집착하는 것은 위험하다는 것입니다. 때로는 무분별한 승부욕이 서로를 망칠 수 있지요.** 윈윈이 아니라 '루즈루즈lose-lose'가 되고 맙니다. 그러므로 너무 지나친 경쟁은 좋지 않습니다. 과연 누구를 위한 경쟁인지 진지하게 생각해 봐야 합니다. 선의의 경쟁을 할 수 있도록, 나를 지킬 수 있도록 합리적이고 이성적인 판단력을 길러야 합니다.

07 면역 효과

　요즘 코로나 때문에 전 세계가 고통받고 있습니다. 그래서 면역력에 대한 사람들의 관심이 매우 높아졌지요. 면역력은 병균이 공격할 때 저항하는 능력을 말해요. 이번 이야기는 설득에 대한 면역 이야기입니다. 설득과 면역 사이에는 과연 어떤 관계가 있을까요?

　미국의 사회심리학자 맥과이어는 설득을 위해서는 상대의 과거 경험이 중요하다고 말했습니다. 그는 이것을 '면역 효과'라고 했는데, 이는 한 마디로 누군가를 쉽게 설득하려면 그전에 무엇인가를 해야 한다는 거예요. **마치 예방접종을 하듯이 미리 관련된 이야기에 노출되는 경험이 있어야 한다는 것입니다.**

　예를 들어, 아직 학생일 경우 최신 스마트폰을 갖고 싶다면 부모님을 설득해야겠죠? 그렇다면 우선 아주 비싼 것을 사 달라고 떼를 쓰는 겁니다. 당연히 안 된다고 하실 거예요. 그렇다면 그때 조금 싼 것을 사 달라고 말씀 드리면 대부분 원하는 것을 얻을 수가 있습니다. 먼저 말한 것이 예방 주사의 효과를 만들었다고 봐야겠지요. 이런 방법을 공공연히 알리는 것이 잘하는 일인지 모르겠습니다. 하지만, 사람의 심리를 잘 활용하는 것이 꼭 나쁜 것은 아니라고 생각해요.

　반대의 경우도 있답니다. 이번에는 작은 것을 먼저 요구하는 겁니다. 그럼 대부분 허락하게 되지요. 전혀 부담이 안 되거든요. 그런 다음 큰 것을 요구하는 것입니다. 심리학에서는 이 것을 '발부터 들여놓기'라고 부릅니다. 일단 발부터 들여놓으면 내쫓기가 쉽지 않을 테니까요.

예를 들어 봅시다. 길을 가고 있는데 갑자기 어떤 사람이 "잠깐 길 좀 물을게요"라고 한다면, 딱 잘라 거절할 수가 있나요? 아무리 길치라고 해도 혹시나 도움이 되지 않을까 하는 마음에 잠시 가던 길을 멈추게 되겠지요. 하지만 정작 멈춰 서면 길을 묻는 것이 아니라 물건을 홍보하는 등 딴소리를 하는 경우가 많습니다.

이런 경우도 있어요. 누군가 현관문을 두드려서 나가 보면 물 한 잔을 요구합니다. (물론 요즘은 이런 사람이 드물고, 혹시 있어도 절대 문을 열어 주면 안 됩니다.) 어쨌든 가엾은 마음에 물을 떠다 주면 물을 다 마시고 난 후에는 그 사람이 자기 정체를 드러내지요. 카드 가입, 물건 홍보 등….

 알면 알수록 재미있는 심리 법칙

결코 설득당하지 않는 비법도 있어요. 원리는 비슷합니다. 맥과이어는 설득당하지 않으려면 먼저 약한 설득 메시지를 경험해야 한다고 주장했습니다. 미리 면역 기능을 갖게하는 것이지요. 그럼 아무리 강하게 설득해도 쉽게 설득되지 않는다고 합니다. 이렇게 미리 경험을 하게 되면 저항력이 생기는데, 이것도 '면역 효과'라고 할 수 있어요. 예방주사를 맞으면 몸 안에 만들어진 항체가 바이러스에 저항하듯이, 미리 설득에 대한 준비를 하면 강하게 설득을 해도 잘 저항하게 되는 것입니다.

⦿⧖ 바넘 효과

1810년에 미국에서 태어난 바넘은 서커스의 선구자였습니다. 그는 당시 대중들에게 다음과 같은 평가를 받고 있었어요. "바넘은 희대의 사기꾼이야!", "아니, 바넘은 흥행의 천재야!" 많은 세월이 흐른 지금도 그에 대한 평가는 여전히 엇갈리고 있답니다.

바넘은 20대부터 자기만의 특별한 능력을 발휘했다고 합니다. 예를 들어 80대 노인을 161세로 소개하여, 많은 사람을 불러 모았지요. 또 이런 일도 있었어요. 그는 공연 때 거인증, 왜소증 등을 앓고 있는 사람들을 과감하게 무대에 내세웠습니다. 관객들의 반응은 대단했고, 결국 큰 성공을 거두었습니다. 그에게는 사람들의 마음을 쥐락펴락하는 특별한 능력이 있었던 것이 아닐까 해요.

그렇다면 바넘 효과는 무엇을 말하는 것일까요?

우선 바넘은 사람들의 성격을 잘 알아맞혔다고 해요. 그는 일부러 약간 애매하게 이야기를 했습니다. 애매하다는 것은 일반적이고 모호해서 누구에게나 해당될 것만 같다는 말입니다. 그런데 참 재미있는 일이 벌어졌어요. 사람들이 그의 이야기를 듣고 정말 자신의 이야기인 것처럼 반응을 했던 것입니다. 그의 말에 놀라기도 하고 기뻐하기도 했지요.

이처럼 일반적으로 적용될 수 있는 성격적 특성을 '나의 성격'과 똑같다고 느끼는 현상이 바로 바넘 효과입니다. **바넘 효과를 노릴 때에는 누구에게나 그럴듯하게 맞을 법한 이야기를 해주는 것이 포인트입니다.** 그러면 사람들은 그를 족집게라고 생각하게 됩니다.

실제로 1949년 포러의 실험에서 바넘 효과가 발견되었습니다. 포러는 대학생들을 대상으로 성격 검사를 했어요. 그리고 그들에게 똑같은 결과지를 나누어 주었지요. 일반적인 성격적 특성을 담은 결과지였습니다. 그리고 대부분의 학생들이 자신의 성격과 매우 일치한다는 이야기를 했다고 합니다.

몇 가지 예를 들어서 여러분에게 질문해 볼까요?

"스스로 내린 판단이 적절한 것인지 고민스럽지요?"
"실패에 대한 두려움 때문에 도전을 힘들어하고 있지요?"

여러분도 이런 식의 질문을 들으면 왠지 자신의 이야기처럼 들리지 않나요? 그래서 우리는 쉽게 다른 사람들의 이런 말에 현혹될 수도 있는 것이랍니다.

09 벽에 붙은 파리 효과

벽에 붙어 있는 파리를 본 적 있나요? 어쩜 그렇게 잘도 붙어 있는지, 벽을 기어 다니지도 않고 주욱 미끄러지지도 않습니다. 그냥 가만히 앉아있지요. 그래서 멀리서 보면 그냥 점으로 보입니다. '벽에 붙은 파리Fly on the wall'라는 표현은 '그대로'라는 뜻을 가지고 있답니다.

사람은 어떤 일에 크게 실패하거나 누군가에게 비난을 받으면 몹시 절망합니다. **하지만 이때의 상황을 벽에 붙은 파리의 눈으로 보면 달리 보일 수 있지요.** 내 눈이 아닌 파리의 눈에 보이는 그대로를 본다면 말입니다. 그 파리는 나와 관계가 없는 제3자입니다. 그래서 객관적인 눈으로 볼 수 있고, 그로 인해 절망을 줄일 수 있다는 것입니다. 이것이 '벽에 붙은 파리 효과'입니다.

중요한 시험에 불합격했다고 해 봅시다. 당연히 많이 힘들겠지요. 무슨 구덩이에라도 빠진 느낌일 테고, 헤어나기는 정말 쉽지 않습니다. 하지만 이 상황을 객관적인 제3자의 눈으로 보면 신기한 일이 벌어집니다. 사건이 별것 아닌 것처럼 느껴지지요. 제3자들 중에는 나와 비교할 수 없을 정도로 힘든 일을 겪은 사람도 있을 것입니다. 그 사람의 눈에는 내가 당한 일이 어떻게 보일까요? 당연히 별일 아닌 것처럼 보일 거예요. 똑같은 일도 사람마다, 또 어떻게 받아들이냐에 따라 달라집니다. 중요한 것은 힘든 일이 있을 때 상황을 객관적으로 바라보는 자세입니다. 파리의 눈으로 남의 일을 구경하듯 바라 보세요. 죽을 것 같던 감정의 수렁에서 벗어나게 되는 신기한 경험을 할 수 있답니다.

이처럼 상황을 있는 그대로 바라봐야 할 텐데, 대부분의 사람은 그렇게 하지 않는 것 같습니다. **하지만 상황을 자기 마음대로 해석하다 보면 더욱 심각해지는 경우가 많지요. 이것을 '현실 왜곡'이라고 합니다.**

빨간 안경을 쓰면 세상이 빨갛게 보이고, 파란 안경을 쓰면 세상이 파랗게 보이기 마련입니다. 또한 오목렌즈로 보면 작게 보이고, 볼록렌즈로 보면 크게 보이겠지요. 하지만 슬픔을 일부러 크게 확대해서 볼 필요는 없습니다. 그러므로 있는 그대로, 객관적으로, 제3자의 입장에서 보는 태도가 필요한 것입니다.

10 보보인형 실험

캐나다 출신의 심리학자 반두라는 보보인형으로 실험을 진행했습니다. 보보인형은 아무리 쓰러뜨려도 다시 일어나는 성질을 가진 인형을 말합니다. 구체적으로 어떤 실험이었을까요? 우선 어른이 장난감 망치로 보보인형을 마구 때리게 하고, 아이로 하여금 그것을 10분 동안 지켜보게 했습니다. 중요한 것은 이 다음 단계입니다. 폭력적인 장면을 지켜봤던 아이에게 보보인형과 장난감 망치가 주어졌습니다. 아이는 과연 어떻게 했을까요? 앞서 어른이 했던 것처럼 똑같이 인형을 때리기 시작했습니다. 다른 사람이 하는 말과 행동 그리고 그 결과를 관찰하는 것만으로도 모방 학습이 가능하다는 것을 증명한 실험이 '보보인형 실험'입니다.

두 번째 실험으로는 보보인형을 때린 어른의 결말을 다르게 하여 진행했습니다.

1. 선물을 받는다.
2. 비난과 처벌을 받는다.
3. 선물도 처벌도 없다.

이 세 가지 유형을 관찰한 아이들 중에는 누가 가장 공격적인 모습을 보였을까요? 바로 첫 번째 경우였습니다. 인형을 때리는 어른의 행동과 그에 대한 보상을 받는 모습을 관찰하기만 했는데도 큰 영향을 받은 것입니다. 또한 인형을 때린 어른이 비난과 처벌을 받는 영상을 관찰한 아이가 가장 덜 공격적이었다고 합니다.

로웰 후스만이라는 심리학자도 비슷한 실험을 한 적이 있습니다. 그의 결론은 다음과 같았지요. **"어린 시절 폭력적인 장면에 많이 노출된 사람이 어른이 되었을 때 폭력적인 행동을 할 가능성이 높다."** 폭력적인 장면에 노출이 되면 폭력성을 학습하게 됩니다. 물론 좋은 모방 학습도 있지요. 착한 일을 한 아이에게 칭찬과 보상을 해 주면 다른 아이들도 착한 행동을 모방하는 것입니다. 이를 통해 사람의 심리에는 환경이 큰 영향을 미친다는 것을 알 수 있습니다.

보보인형 실험을 아이에게 직접 보여 주지 않고, 영상으로 보여 주면 어떻게 될까요? 뭔가 다른 결과가 나타날 것 같지만 결과는 같았다고 합니다. 아이는 어른의 폭력적인 행동을 똑같이 따라했지요. 그러므로 폭력적인 영상 시청은 자제하는 것이 좋겠습니다. 나도 모르게 모방학습을 하게 되는 것이니까요.

11 삶은 개구리 증후군

끓는 물에 개구리를 넣는다면 어떻게 될까요? 아마 개구리는 곧바로 뛰쳐 나오겠지요. 하지만 찬물에 개구리를 넣은 채 물을 서서히 데운다면 어떻게 될까요? 실제로 실험을 하자, 개구리는 어느 정도 따뜻한 물에 적응하는 듯 보였습니다. 그런데 문제는 물이 몹시 뜨거워진 순간에도 계속 물에서 나갈 생각을 하지 않는 것이었습니다. 개구리는 마치 따뜻한 탕에서 피로를 푸는 것처럼 편안해 보였지요. 물은 점점 뜨거워졌고, 결국 개구리는 죽고 말았습니다. 조금씩 다가오는 위험을 전혀 감지하지 못했던 것입니다.

이렇게 서서히 변하는 환경에 빨리 대처하지 못한다면 어떻게 될까요? 삶은 개구리처럼 결국 큰 불행을 당하게 될 테지요. 이런 현상을 삶은 개구리 증후군이라고 합니다. (그런데 찬물에 있다가 물이 뜨거워지면 중간에 뛰쳐나오는 몇몇 개구리도 있다고 해요.)

'매너리즘'은 삶은 개구리 증후군처럼 우리를 위험에 빠뜨릴 수 있습니다. '매너리즘에 빠진다'는 말은 '타성에 젖는다'라는 말과도 같아요. 타성은 오래되어 굳어진 좋지 않은 버릇, 혹은 오랫동안 변화나 새로움을 꾀하지 않아 나태하게 굳어진 습성을 말합니다. 우리의 본성은 편안한 현실에 안주하려는 경향이 있거든요.

똑같은 일을 반복적으로 하다보면 흥미는 물론 능률까지 떨어지게 됩니다. 어제가 오늘 같고 내일도 오늘 같다고 생각되면 하루하루가 얼마나 지겹겠어요? 전혀 새로울 것 없는 내일을 생각하면 가슴이 뛰기는커녕 한숨만 나오겠지요. 결국 능력과 잠재력이 있다 하더라도, 그것을 발휘할 생각도 못한 채 그럭저럭 무덤덤한 삶을 살 수밖에 없습니다.

그렇다면 이러한 매너리즘과 타성을 피하려면 어떻게 해야 할까요? 무엇보다 깨어 있어야 합니다. 정신을 차리고 일상 속에서 소중한 것, 새로운 것, 재미있는 것들을 찾아보세요. 삶이 주는 기쁨들을 맛볼 수 있을 거예요.

12 수면자 효과

요즘 가짜 뉴스가 많은 문제가 되고 있습니다. 가짜 뉴스가 나쁜 이유는 신뢰도가 떨어지는 이야기를 마치 진짜인 것처럼 말하기 때문입니다. 그런데 이처럼 신뢰하기 힘든 이야기가 시간이 갈수록 오히려 설득력이 증가하는 현상이 있다고 해요. 이것이 바로 수면자 효과입니다.

처음에는 믿을 만한 정보가 아니라고 판단하여 무시했지만, 시간이 지나면서 그렇게 판단한 사실은 잊어버리고 정보의 내용만

기억하게 되는 것입니다. 과거 누군가에게 들었던 말을 세월이 흐른 뒤 자신의 이야기인 것처럼 말하게 되는 경우도 있어요. 이 또한 시간이 흐르면서 생기는 심리적인 현상으로, 수면자 효과라고 할 수 있지요. 지금까지의 이야기를 이렇게 정리할 수 있답니다.

믿기 힘든 이야기일지라도 시간이 흐르면서 신뢰도에 대한 기억은 약해진다. 그러나 이야기 자체에 대한 태도가 긍정적으로 바뀔 가능성은 크다!

이 수면자 효과는 미국의 사회심리학자 칼 호블랜드에 의해서 붙여진 것입니다. 그는 1949년경 미국 군인들에게 선전용 영화를 보여 주었습니다. 전쟁에서 연합군이 어떻게 활약했는지에 대한 영화였지요. 그리고 5일이 지난 다음 군인들의 태도를 조사했고, 약 두 달이 지난 후에 다시 조사했습니다. 5일 후의 측정 때는 영화를 본 사람이나 보지 않은 사람이나 별 차이가 없었다고 해요. 하지만 약 두 달이 지난 후에는 영화를 본 사람들이 보지 않은 사람들보다 연합군에 대해 더 좋게 평가했다고 합니다.

이렇게 시간이 많이 지나면 정보의 출처는 잊혀지고 정보의 내용은 더 기억되기 때문에 신뢰도가 낮은 내용이어도 조금씩 설득력을 얻을 수 있는 것입니다. 수면자 효과를 제일 많이 이용하는 분야는 단연 광고입니다. 광고가 방송된 후에 곧바로 효과가 나타나는 일은 흔치 않아요. 시간이 지나야 비로소 상품에 대한 긍정적인 메시지가 기억되어 매출이 늘어나게 되지요. 그러므로 광고를 만들 때에는 시간이 흘러도 기억될 만한 핵심 메시지를 만드는 것이 중요하다고 합니다.

그렇다면 우리가 해야 할 일은 무엇일까요? 각종 정보에 대한 사실 관계를 더 열심히 알아봐야 합니다. 그래야 가짜 뉴스에 속지 않을 수 있고, 분별력 있는 삶을 살 수 있답니다.

《우리는 결코 달에 가지 않았다》라는 책의 저자 빌 케이싱은 제목과 같은 음모론을 제기했습니다. 그는 아폴로호 개발에 참여한 것처럼 말했지만, 사실은 그렇지 않았어요. 우주공학을 공부한 것도 아니었지요. 하지만 시간이 흐르면서 사람들은 이런 부분은 까먹은 채 음모론만을 기억하게 되었고 그것을 사실인 것처럼 생각하게 되었어요. 이 또한 수면자 효과라고 할 수 있습니다.

13 스탕달 증후군

스탕달은 19세기 프랑스 소설가입니다. 평소 미술에도 관심이 많았던 그는 미술 작품을 즐겨 감상했지요. 1817년, 스탕달은 이탈리아 피렌체를 여행하던 중 이상한 체험을 하게 되었습니다. 산타크로체 교회에서 미술 작품을 감상하다가 순간적으로 흥분 상태에 빠진 것입니다. 호흡 곤란까지 포함한 흥분 증상은 무려 한 달 동안이나 계속 되었다고 해요.

이처럼 미술 작품을 감상하다가 이상 반응을 겪는 현상을 '스탕달 증후군'이라고 합니다. **기절을 하거나, 현기증, 위경련, 심지어 전신 마비 같은 심각한 증상을 경험한 사람들도 있다고 해요.** 물론 감동을 넘어 큰 정신적 충격을 받는 것은 이해가 됩니다. 세상에는 감탄사가 튀어나올 정도로 예술성이 뛰어난 작품들이 많지요. 하지만 감동이 지나쳐서 쓰러지고 기절까지 한다니… 도저히 이해할 수 없는 경지이지만 계속 노력은 해 볼 생각입니다.

스탕달 증후군과 비슷한 예시로, 평소에 너무나 좋아하던 아이돌 가수를 바로 눈앞에서 보았을 때 너무 감격한 나머지 정신을 잃고 기절을 했다는 이야기를 들은 적이 있습니다. 이처럼 평소 동경하던 위대한 존재를 실제로 대면하게 되면 그 감동은 말로 표현하기 힘들 거예요. 그래서 말이 아닌 다른 방식으로 표현이 되는 것일까요? 하지만 여러분이 이런 경험을 해 보아야 하는 것은 아닙니다. 단지 세상에 이런 일도 있다는 것을 말하고 싶은 것이지요.

14 자이가르닉 효과

자이가르닉이라는 사람이 식당에서 음식 주문을 하고 있었습니다. 그런데, 상당히 많은 메뉴를 주문했음에도 웨이터는 메모도 없이 모든 음식을 정확하게 기억해 냈습니다. 심지어 후식까지 완벽하게 챙기는 모습을 보였지요. 그는 웨이터의 훌륭한 기억력에 감탄을 금할 수 없었습니다.

식사를 마친 후, 놓고 온 물건 때문에 다시 식당에 들른 자이가르닉은 충격에 빠졌습니다. 엄청난 기억력의 소유자라고 생각했던 그 웨이터가 방금 나간 자신을 전혀 기억하지 못했기 때문이었습니다. 게다가 아까 주문했던 메뉴가 무엇이었는지도 전혀 기억하지 못했다고 해요. 웨이터는 그녀에게 다음과 같이 말했습니다.

"이미 계산이 끝났으니 기억이 안 나는 게 당연하지요. 저는 오직 서빙이 끝날 때까지만 기억한답니다."

일반적으로 한 가지 일이 완전히 끝나면, 전에 했던 것들이 쉽게 잊혀진다고 합니다. 왜냐하면 다음에 해야 할 일이 있기 때문입니다. **확실하게 비워야 새로운 것을 제대로 담을 수 있는 법이거든요.**

하지만 일을 제대로 끝내지 못한 채 어쩔 수 없이 다음 일을 시작하게 된다면 어떨까요? 왠지 찜찜함을 느끼게 되겠지요. 그러다 보니 무의식 중에 그 찜찜한 마음을 없애기 위해 노력하게 된다고 합니다. 이런 심리 현상이 바로 자이가르닉 효과랍니다. 이러한 이유 때문인지, 사람들은 성공의 경험보다는 실패의 경험을 더 오래 기억하는 것 같습니다.

중요한 시험이나 프로젝트를 앞두고 열심히 준비하다 보면 그 내용을 영원히 기억할 수 있을 것 같은 기분이 듭니다. 하지만 전부 끝나면 어떤가요? 머릿속에 있던 지식을 누군가 지워 버린 것처럼 느껴지곤 합니다. 억울해서라도 이런 일은 일어나지 않아야겠지요. 열심히 준비했던 내용을 잊어버리지 않도록, 적절히 되새기는 것을 잊지 마세요!

15 잔물결 효과

잔잔한 호수에 돌 하나가 떨어지면 어떻게 될까요? 돌이 떨어진 바로 그 지점부터 물결의 파동이 점차 멀리 퍼져 나가는 것을 볼 수 있습니다. 이처럼 부정적인 것이 점차 퍼져서 그 영향이 커지는 현상을 '잔물결 효과'라고 합니다. 한마디로 부정적인 영향력이라고 할 수 있지요.

혹시 누룩을 아나요? 누룩은 빵을 만들 때 사용하는 발효제입니다. 빵 반죽이 확실하게 부풀어 오르도록 만드는 역할을 한답니다. 누룩은 사실 좋은 것인데, 이상하게도 부정적인 영향력을 이야기할 때 '누룩이 퍼졌다'라고 말을 합니다. 왜 그러는 것일까요? 좋은 감정이나 좋은 행동은 이렇게까지 빨리 퍼지는 일이 거의 없습니다. **하지만 안 좋은 것들은 그 전파 속도가 상상을 초월할 때가 많습니다. '불평', '의심', '거짓말' 등은 정말 빨리 퍼지는 것 같지 않나요?** 누룩의 모습과 꼭 닮았지요.

그래서 '누룩이 퍼졌다'라고 하면 무언가 부정적인 영향력이 커졌다는 것을 의미합니다. 이런 누룩의 모습은 잔물결 효과를 잘 설명해 주고 있습니다.

일벌백계一罰百戒라는 말을 들어 본 적 있을 거예요. 이 말의 뜻은 한 사람에게 벌을 줘서 많은 사람들이 경각심을 갖게 한다는 것입니다. 물론 이 한 사람은 좋은 사람이 아닌, 나쁜 영향력을 가진 사람이겠지요. 나쁜 영향력이 퍼지기 전에 확실하게 차단한다는 면에서 일벌백계라는 말은 잔물결 효과와도 관계가 있습니다.

한 나라에서 시작된 코로나바이러스가 전 세계에 영향을 주고 있는 것, 연못에 사는 미꾸라지 한 마리가 흙탕물을 일으켜서 연못 전체를 구정물로 만드는 것도 잔물결 효과에 해당한다고 할 수 있지요.

그렇다면 나의 사소한 말과 행동도 잔물결 효과를 일으킬 수 있을까요? 당연합니다. 누구나 영향력을 가진 존재이기 때문입니다. 그렇기 때문에 우리는 부정적인 영향을 주는 삶을 경계해야 하겠어요. 오히려 그와 반대되는 삶을 살고자 해야겠지요. 사람들에게 선하고 긍정적인 영향력을 끼칠 수 있도록 노력하면 좋겠습니다.

16 존 헨리 효과

19세기 미국에 존 헨리라는 사람이 있었습니다. 건설 노동자였던 그는 터널을 뚫는 굴착 기계를 상대로 대결을 신청했다고 해요. 어떻게 사람이 기계와 시합을 해서 이길 수 있을까요? 그런데 놀라운 것은 그 힘든 일을 존 헨리가 해냈다는 것입니다. 세기의 대결을 두고 사람들은 당연히 기계가 이길 거라고 생각했어요. 하지만, 전혀 예상치 못한 결과가 나오고 말았지요.

이처럼 당연히 질 것이라고 생각한 대상이 초인적인 능력을 발휘하는 바람에 모두의 예상이 빗나가는 현상을 '존 헨리 효과'라

고 합니다. 하지만 문제가 생겼습니다. 너무 열심히 하느라 스트레스가 컸던 것인지, 존 헨리는 대결 이후 얼마 되지 않아 죽고 말았다고 해요.

저의 경험을 이야기해 볼까요? 중학교 2학년 여름 방학, 교육청에서 과학 교실이 열렸습니다. 각 학교에서 선발된 대표들이 참여하였고, 저도 운 좋게 학교의 대표 중 한 명이 되었습니다. 그런데, 과학 교실을 우수하게 수료한 학생에게는 상을 준다는 거예요. 하지만 저에게는 해당 사항이 없다고 생각했습니다. 왜냐면 저는 과학을 잘하지는 못했거든요. 그래서 이 기회에 많이 배우고 싶다는 생각으로 열심히 공부했답니다.

수료식 때 어떤 일이 있었을까요? 당연히 상을 받으리라 생각했던 친구들은 받지 못했고 전혀 기대주가 아니었던 제가 상을 받게 되었어요. 아주 의외의 사건이 벌어진 거예요. 당시 너무 순수한 열정으로 도전하는 바람에 생긴 일이었습니다. 이것은 제가 경험한 존 헨리 효과라고 할 수 있어요.

알면 알수록 재미있는 심리 법칙

두 집단을 비교하는 실험을 한다고 생각해 봅시다. 이때, 하나는 실험 집단, 또 하나는 통제 집단이 되지요. 실험 집단은 어떤 조치를 취하여 그것이 과연 효과가 있는지를 알아보고자 하는 대상입니다. 통제 집단은 아무 조치도 하지 않은 비교 대상입니다. 당연히 실험 집단의 결과가 잘 나와야 실험이 성공할 수 있겠지요? 그런데, 통제 집단 사람들이 평소처럼 하지 않고 엄청난 노력을 해서 전혀 예상치 못한 결과가 나타나기도 합니다. 이것이 바로 실험 속 존 헨리 효과인 것입니다.

17 줄리의 법칙

줄리의 법칙은 한마디로 간절히 원하는 것들이 이루어지는 현상입니다. 줄리의 법칙이 성립되기 위한 제1조건은 간절함입니다. 머피의 법칙과 샐리의 법칙이 우연히 일어나는 것이라면, 줄리의 법칙은 원하는 일이 필연적으로 일어나는 것을 말합니다. 마음으로 간절히 원하는 일은 전혀 예상치 못한 방법을 통해서라도 반드시 이루어진다는 믿음이지요. 혹시 R=VD라는 공식을 아나요? '생생하게(간절하게) 꿈꾸면 이루어진다'라는 뜻을 가진 공식입니다. 이 공식이야말로 줄리의 법칙 그 자체라고 할 수 있습니다.

세계적인 작가, 파울로 코엘료의 소설 《연금술사》에도 줄리의 법칙이 등장합니다.

> "자네가 무언가를 간절히 원하면 온 우주가 그 소망이 이루어지도록 도울 걸세. 누구나 간절히 원하면 이루어진다는 이 지구의 위대한 진리 때문이지."

줄리의 법칙을 통해서 우리가 꼭 기억해야 하는 것은 무엇일까요?

비현실적인 것을 기대하라는 말은 결코 아닙니다. 그렇다고 해서 운명에 순응하며 살라는 것은 더더욱 아닙니다. 꿈을 꾸는 것은 자유니까요. 요즘은 꿈을 갖는 것조차 하지 않는 사람들이 많은 것 같아서 안타깝습니다. 꿈을 가지고 간절한 마음으로 노력하는 사람에게는 기회라는 문이 열릴 수 있습니다. 간절하고 생생하게 꿈꾸며 도전하는 삶은 얼마나 아름다울까요?

일상 속 줄리의 법칙을 이야기해 볼까요?

하나, 영희는 어느 날 아끼던 지갑을 잃어 버렸습니다. 그래서 인지 계속 지갑에 대한 생각을 했지요. 그런데 어느 날, 누군가 로부터 똑같은 지갑을 선물로 받게 되었습니다. 어쩌면 우연일 수도 있겠지만, 줄리의 법칙으로 볼 수도 있답니다. 영희가 의 식적으로 지갑을 간절히 원했고, 그 바람이 전혀 예상치 못한 방법으로 이루어진 것이지요.

둘, 철수에게는 오랫동안 가보고 싶었던 여행지가 있었습니다. 하지만 돈이 없어서 꿈만 꾸고 있었지요. 그런데 어느 날, 생각 지도 못하게 여행 상품권에 당첨이 된 거예요. 그래서 철수는 원하던 곳으로 여행을 떠날 수 있었습니다. 물론 흔하지 않은 일이지만 역시 간절히 원하던 것이 현실로 이루어진 것은 분 명합니다.

18 침묵의 나선 이론

'대세'라는 말을 들어 본 적 있나요? 대세가 기울었다는 것은 한쪽의 의견이 이미 다수가 되었다는 것입니다. 이런 상태에서 는 어떤 일들이 일어나게 될까요? 만약 자신의 의견이 다수의 의견과 같다면 다수에 적극 동조하겠지요. 하지만 소수의 의견과 같을 경우에는 다수에게 좋지 않은 평가를 받을 수 있기 때문에 침묵하게 된다고 합니다. 이것을 '침묵의 나선 이론'이라고 합니다. 의견이 만들어지는 모습이 꼭 나선 모양 같다고 해서 붙여진 이름이에요.

소설 《우리들의 일그러진 영웅》은 침묵의 나선 이론을 잘 설명해 줍니다. 많은 친구들이 엄석대의 나쁜 짓을 알았지만 아무 말도 하지 않았어요. 이미 다수가 그를 따랐기 때문에 아무리 생각이 달라도 감히 침묵할 수밖에 없었던 것입니다.

한 집단에서 왕따가 생기는 것은 이런 침묵의 나선 이론 때문입니다. **하지만 정의롭지 못한 이런 침묵 속에서는 누구라도 피해자가 될 수 있음을 알아야 합니다.**

학창 시절, 반에서 가장 인기 있는 한 친구가 있었습니다. 왕따와는 거리가 먼 친구 같았어요. 하지만 어느 날 갑자기 왕따가 되고 말았습니다. 누군가 이 친구를 그렇게 만들어 버린 것입니다. 학급에서 주류로 통하는 아이들의 짓이었습니다. 나머지 아이들은 그저 침묵하고 있었기 때문에 왕따를 막을 수가 없었지요. 슬프게도 그 친구는 혼자 우울하게 생활해야 했습니다. 하지만 그때, 침묵을 깨고 용감하게 그 친구를 챙기는 사람이 나타났습니다. 참 다행스러운 일이었습니다.

인간은 누구나 소외당하는 것을 두려워하기 때문에 자신의 의견이 소수라고 느껴지면 눈치를 보면서 침묵하게 됩니다. 하지만 때로는 침묵하지 않고 용감하게 자신의 의견을 말할 수 있어야 합니다. 왜냐고요? 다수가 항상 옳은 것은 아니기 때문입니다. 때로는 소수의 의견이 더 훌륭할 수도 있다는 사실을 기억하세요.

19 크레스피 효과

'당근과 채찍'이라는 말을 들어 봤나요? 빨리 목적지에 가야 하는데, 짐을 실은 당나귀가 도무지 움직이려 하지 않는다면 어떻게 해야 할까요? 이렇게 고집 센 당나귀도 잘 부릴 수 있는 방법이 있습니다. 바로 당근과 채찍을 이용하는 것이지요. 당나귀와 곧 닿을 듯한 거리에 당근을 달아 놓으면 꿈쩍도 안하던 당나귀가 움직이기 시작합니다. 맛있는 당근을 먹기 위해 한 걸음 한 걸음 걷는 거예요. 이후 뒤에서 채찍으로 때리면 당나귀는 채찍을 피하려고 빨리 뛰기까지 합니다. 이처럼 일의 능률을 올리기 위해 이용하는 상벌을 당근과 채찍이라고 부릅니다. 하지만 이런 방법이 항상 통하지만은 않는다는 것이 문제지요.

미국의 레오 크레스피 박사는 당근과 채찍이 효과가 있으려면 그 보상의 강도가 점점 더 커져야 한다고 주장했어요. 이것을 크레스피 효과라고 합니다.

예를 들어, A라는 학생이 있습니다. A의 부모님은 A가 시험에서 100점을 받을 경우, 새로운 스마트폰을 사 주겠다고 약속했습니다. 그러면 아마 누구라도 열심히 공부하겠지요. 그리고 목표를 달성해서 새 스마트폰을 선물로 받았다고 해 봅시다. 그렇다면 다음 시험에는 어떨까요? 스마트폰보다 낮은 수준의 보상에 반응을 할까요? 아니겠지요. 그렇다면 더 높은 수준의 보상이어야 할 텐데, 과연 이런 방법이 언제까지 통할 수 있을까요?

이제는 이처럼 당근과 채찍이 통하는 시대는 지났다고들 말합니다. 댄 애리얼리 교수가 그중 한 사람인데, 그가 밝힌 실험 결과는 다소 충격적입니다.

그는 직원들을 세 팀으로 나누어 보상을 약속했습니다. 평소보다 성과가 좋으면 보너스를 주기로 했지요. 그런데 각각 다른 것을 보너스로 약속했습니다. A팀은 돈을, B팀은 맛있는 음식을, C팀은 직장 상사로부터 칭찬과 격려의 메시지를 받기로 했습니다. 결국 어떤 팀이 제일 좋은 성과를 냈을까요? 대부분 A팀일 것이라 예상했지만, 결과는 그렇지 않았습니다. 유일하게 생산성이 오른 팀은 C팀이었습니다.

이 결과에 대해 여러분은 어떻게 생각하나요? 잘 이해가 되지 않는다고요? 하지만 실험의 결과는 명백했습니다. 이 실험을 통해 사람에게는 물론 돈도 중요하지만, 인정과 성취감이 더욱 중요하다는 것을 알 수 있는 거예요.

20 테레사 효과

'가난한 자들의 어머니'라고 불렸던 테레사 수녀를 모르는 사람은 없겠지요? 1950년, 그녀는 인도 캘커타(현 콜카타)에 '사랑의 선교회'라는 단체를 만들었습니다. 이후 병들고 가난한 사람, 버림받은 사람들을 돌보는 삶을 살았어요. 물론 조건 없는 봉사였습니다. 테레사 수녀의 헌신적인 행동은 많은 사람들에게 나눔과 봉사의 의미를 새롭게 깨닫게 해 주었지요. 그래서 1979년에는 노벨 평화상의 주인공이 되기도 했습니다.

미국 하버드대 의대에서 '봉사'와 관련된 연구를 한 적이 있습니다. 연구팀은 하버드 학생들에게 테레사 수녀의 인생을 담은 영화를 보여 주었습니다. 그리고 면역 항체 수치의 변화를 비교했지요. 영화를 본 후 학생들의 면역 항체 수치는 이전보다 높게 나타났습니다.

이번에는 학생들에게 나치의 유대인 학살 관련 영화를 보여 주었습니다. 그리고 동일하게 면역 항체 수치의 변화를 비교했어요. 면역 항체 수치의 변화는 없었습니다.

연구의 결론은 다음과 같습니다. "**테레사 수녀처럼 다른 사람을 돕고 봉사하는 모습을 단지 보기만 해도 몸속의 병균과 싸워 이길 수 있는 항체가 생긴다.**" 그래서 이후로 이런 현상을 '테레사 효과'라고 부르게 되었습니다.

미국 스탠퍼드대 의대 연구팀에서도 비슷한 연구를 했습니다. 이 연구에 의하면 자신의 몸만 걱정하며 생활한 암 환자의 평균 수명은 약 19개월이었지만, 봉사 활동을 하며 병과 싸운 암 환자의 평균 수명은 37개월이나 되었습니다. 어떻게 이럴 수 있는 걸까요? 다른 사람을 돕다 보면 삶의 의미와 가치를 느끼게 되지요. 이로 인해 우리 몸이 스스로 면역 항체를 만들어 내는 것이 아닐까 합니다.

미국의 스테파니 브라운 박사는 인간의 수명에 대한 연구를 한 바 있습니다. 무려 432쌍의 장수 부부를 연구하던 박사는 중요한 사실을 발견했어요. 장수 부부의 72~75퍼센트가 조건 없는 봉사 활동을 하고 있었다는 것입니다. 다음은 브라운 박사가 내린 연구의 결론입니다.

남을 위해 나누고 베푸는 사람은 그렇지 않은 사람보다 오래 살 확률이 두 배나 높다.

21 토마토 효과

'토마토 효과'를 들어 본 적 있나요? 우리에게 익숙한 토마토는 이미 최고의 슈퍼푸드로 알려져 있습니다. 하지만 이 토마토가 19세기에는 최악의 열매였다고 해요. 19세기 초반까지 토마토는 모두가 기피하던 열매였습니다. 악마의 열매와 닮았다는 이유였지요. 토마토는 독초 맨드레이크와 닮았다는 이유로 많은 사람들이 먹기를 꺼려했습니다.

그렇다면 토마토는 언제, 어떻게 최고의 슈퍼푸드로 자리 잡게 되었을까요? 1800년대 초, 토머스 제퍼슨이 미국의 대통령으로 재임하던 시절이었습니다. 그는 많은 사람들 앞에서 다음과 같이 말했습니다. "여러분, 이 토마토는 맨드레이크와 생김새는 비슷하지만 절대 독초 열매가 아닙니다! 제가 한번 먹어 보겠습니다."

제퍼슨은 자신의 말대로 바로 그 자리에서 토마토를 맛있게 먹어 치웠습니다. 하지만 모두가 걱정하는 일은 일어나지 않았어요. 그가 토마토를 먹고도 멀쩡한 모습으로 살아 있자, 사람들은 크게 술렁이기 시작했습니다. 결국 제퍼슨은 사람들이 가진 토마토에 대한 잘못된 편견을 깨뜨릴 수 있었지요. 만일 그가 사람들의 편견을 깨지 못했다면 어떻게 되었을까요? 오늘날의 토마토는 영원히 억울한 오명을 뒤집어 썼을지도 모릅니다.

토마토 효과는 아무 근거도 없이 단지 추측만으로 잘못된 신념을 굳게 믿는 심리를 말합니다. 이러한 편견을 깨기 위해 필요한 것은 무엇일까요? 바로 '용기'입니다. 혹시 미심쩍은 것이 있다면 제대로 '확인하는 용기'가 필요합니다. 남의 말만 믿고 마치 그것이 사실인 양 퍼뜨린다면 가짜뉴스와 다를 바가 없겠지요. 그렇다고 해서 다른 사람들의 말을 무조건 믿지 말라는 이야기가 아닙니다. 소문에 휩쓸리지 말고 내가 확인한 진실만을 이야기하는 사람이 되어야 한다는 뜻이랍니다.

22 플린 효과

여러분은 고양이를 좋아하나요? 그렇다면 퀴즈를 하나 내보겠습니다. 고양이를 싫어하는 동물은 무엇일까요? 정답은 바로 '미어캣'입니다. 웬 아재 개그냐고요? 시시한 개그라 해도 아무나 할 수 있는 게 아니랍니다. 머리가 좋아야 할 수 있어요. 머리가 더 좋아지면 개그도 더 재밌어지지 않을까요?

'플린 효과'는 시간이 지날수록 사람들의 아이큐 점수가 향상되는 현상을 말합니다. 뉴질랜드의 심리학자, 제임스 플린이 밝힌 현상이지요. 그는 군인들을 대상으로 10년에 한 번씩 아이큐 테스트를 했습니다. 그 결과, 10년마다 군인들의 평균 아이큐가 3점씩 좋아진다는 것을 발견했다고 해요. 어떻게 이런 결과가 나온 것일까요? 그렇다면 앞으로 100년이 지나면 평균 아이큐가 30점이나 높아져야 할 텐데 과연 그게 가능할까요? 물론 100년이 지나 봐야 알 수 있겠지요.

또 다른 연구에 의하면 아이큐뿐만 아니라 좋아진 것이 한 가지 더 있습니다. 바로 신장(키)입니다. 우리나라 사람들을 예로 들면, 최근 100년 동안 여자들의 평균키는 20센티미터나 커졌다고 합니다. 남자도 15센티미터나 커졌지요. 이 모든 연구가 말해 주는 한 가지 사실이 있답니다. 바로 세대마다 차이가 있을 수밖에 없다는 것입니다.

결국 플린 효과가 나타내는 것은 '사람은 주어진 환경에 적응하면서 살고 있고, 그러다 보면 발전한다'라는 사실입니다. 이는 코로나 시대를 살고 있는 우리에게 희망적인 메시지가 아닐까요? 힘든 상황에서도 열심히 적응하며 살다 보면 더욱 발전할 수 있다는 것입니다. 더 발전할 미래의 나를 생각하면서 힘내 보아요!

23 피그말리온 효과

피말리는 효과? 아니, 피그말리온Pygmalion 효과입니다. 피그말리온은 그리스 신화에 나오는 사람 이름이에요. 조각가였던 피그말리온은 어느 날 아름다운 여인상을 만들고, 갈라테이아Galatea라는 이름까지 지어 주었습니다. 갈라테이아는 살아 있는 어떤 여자보다도 아름다웠고, 피그말리온은 조각상을 진심으로 사랑하게 되었지요. 얼마나 큰 애정으로 훌륭하게 만들었으면 조각상이 그렇게 보였을까요? 그런데 사랑의 여신 아프로디테는 피그말리온의 사랑에 감동을 받고는 갈라테이아에게 생명을 불어넣어 주었습니다.

이 이야기는 '긍정적인 기대와 관심이 사람에게 좋은 영향을 미친다'라는 의미를 전달합니다. 하지만 신화는 신화일뿐, 사실이 아닐 것이라는 생각이 들지요? 그래서 여러분에게 한 가지 실험을 소개하려 합니다.

미국 하버드대학교의 로버트 로젠탈Robert Rosenthal 교수는 피그말리온 효과에 대해서 너무 궁금했던 나머지, 직접 실험을 해 보기로 했습니다. 실험 대상은 미국의 초등학교 학생들이었어요.

먼저, 시험을 보고 성적에 관계없이 무작위로 아이들을 뽑았습니다. 그리고 교사에게 그 아이들이 똑똑하다고 귀띔해 주었지요. 그리고 8개월 후 치른 시험에서 놀라운 결과가 나타났습니다. 해당 아이들의 성적이 실제로 많이 향상된 것입니다. 그래서 로젠탈 교수는 이렇게 결론을 내렸습니다.

학생들에 대한 교사의 기대와 격려는 학생의 성적 향상에
실제로 영향을 미친다.

그렇다면 우리는 피그말리온 효과를 어떻게 적용할 수 있을까요? 나 자신에 대해 스스로 기대하고 격려해 볼 수 있습니다. 예를 들어 나의 단점보다는 장점을 크게 바라보는 것이지요. 또한 그 장점을 근거로 자신감을 가질 수 있습니다. 그럼 피그말리온 효과를 믿고 다음과 같이 말해 보세요.

나는 똑똑하다! 나는 유능하다!
나는 멋지다! 나는 잘할 수 있다!

24 RAS

혹시 RAS에 대해 들어 본 적이 있나요? 금시초문이라고요? RAS는 분명한 목표 의식을 가질 수 있도록 도와주는 뇌

속의 시스템입니다. 뇌 밑 부분에는 새끼손가락만 한 크기의 'RASReticular Activating System'가 있습니다. 우리나라 말로는 '망막 활성화 시스템', '자동 목표 추적 장치'라고도 하지요. 이 시스템은 우리에게 꼭 필요한 정보만 걸러 주는 기능을 한다고 해요. 일종의 여과 장치이고, 뇌 속의 안테나라고 할 수 있답니다.

이것은 일상 속에서도 간단히 확인할 수 있습니다. 지금 바로 주위를 한번 둘러볼까요? 무엇이 보이나요? 그리고 이번에는 '빨간색'을 생각하면서 주위를 둘러보기 바랍니다. 처음에는 보지 못했던 온갖 빨간색들이 보이지 않나요? 색을 바꿔 살펴

봐도 같은 현상이 나타날 거예요. 참 신기하지요.

여기저기 흩어져 있는 마음, 즉 콩밭에 가 있는 마음을 데려와서 집중하고자 한다면 이 RAS를 잘 활용하면 됩니다. 목표의식을 늘 새롭게 해 주기 때문이지요. 사실 우리는 매일 무의식적으로 RAS를 이용하고 있답니다. 그래서 시끄러운 소리 중에서 나에게 필요한 소리를 들을 수 있고, 수많은 소음 속에 살면서도 적당히 견뎌낼 수 있는 것입니다.

이렇게 분명한 목표만 갖고 있다면 우리의 뇌는 목표 달성에 필요한 정보를 자동으로 걸러내 잠재의식에 입력할 수 있습니다. 그래서 작은 목표라 해도 선명할수록 달성할 확률이 높아지는 것입니다. 인생의 목표를 확고하게 세우고 집중해 보세요. 주위의 모든 유혹과 비난이 들리지 않아서, 결국 원하는 것을 이룰 수 있을 거예요. 세상은 목적지를 분명히 알고 가는 사람에게는 길을 비켜 준답니다.

그런데, 목표가 잘 생기지 않는다고요? 그럼 자신이 생각하는 것을 글로 써보는 것을 추천합니다. 쓰다 보면 자기도 모르게 마음에 와닿는 목표가 생기거든요.

참고 문헌

도서

– 《내 안의 어린아이가 울고 있다》, 니콜 르페라, 웅진지식하우스, 2021
– 《상담심리학의 이론과 실제》, 노안영, 학지사, 2005
– 《세상에서 가장 재미있는 61가지 심리실험》, 이케가야 유지, 사람과나무사이, 2019
– 《심리학 나 좀 구해줘》, 폴커 키츠·마누엘 투쉬, 갤리온, 2013
– 《심리학이 이토록 재미있을 줄이야》, 류혜인, 스몰빅인사이트, 2021
– 《왓칭 1》, 김상운, 정신세계사, 2011
– 《우리 아이에게 정말 필요한 것은》, 문중호, 유아이북스, 2015
– 《이상심리학의 기초》, 권석만, 학지사, 2014
– 《포기하는 용기》, 이승욱, 쌤앤파커스, 2013
– 《프레임》, 최인철, 21세기북스, 2016

기사

– 〈나눔으로 쑥쑥 테레사 효과〉, 《소년 조선》(2010. 9. 24.)

웹 사이트

– 네이버 지식백과
– 상식으로 보는 세상의 법칙 : 심리편, 이동귀

방송

– EBS 〈다큐 프라임〉
– EBS 〈세상의 모든 법칙〉

심리학은 내 친구

1판 1쇄 발행 2022년 2월 20일
1판 2쇄 발행 2022년 10월 10일

지은이 문중호
펴낸이 이윤규

펴낸곳 유아이북스
출판등록 2012년 4월 2일
주소 (우) 04317 서울시 용산구 효창원로 64길 6
전화 (02) 704-2521
팩스 (02) 715-3536
이메일 uibooks@uibooks.co.kr

ISBN 979-11-6322-070-1 43180
값 13,800원

모델명 심리학은 내 친구
제조연월 2022. 2. 15   **제조자명** 유아이북스   **제조국명** 대한민국
주소 서울시 용산구 효창원로 64길 6 일진빌딩 **전화번호** 02-704-2521